# Oraciones para una Gotita de Agua

Mauricio I. Pérez

Oraciones para una Gotita de Agua

ISBN 9781099654619

1a Edición – 19 de mayo de 2019

Seminans

Redmond, WA

© 2019 Seminans Media & Faith Formation
Todos los derechos reservados.

Impreso en los Estados Unidos.

*Dedicado con amor
a aquella gotita de agua,
que solo busca de Dios,
hacer su voluntad santa.*

# CONTENIDO

**Prefacio**.................................................................7

**La Gotita de Agua**...........................................11
El Romance de la Gotita de Agua.....................15
Mi gotita de agua..................................................24
Las oraciones........................................................27
¿Cómo rezar estas oraciones?............................29

**Oraciones para Adviento y Navidad**............**35**
1. Vigilancia.........................................................38
2. Estad despiertos en todo tiempo...................39
3. Que sea yo un camino para tus pasos.........41
4. Dame un corazón alegre ...............................42
5. Déjame sentir el gozo por tu llegada ..........44
6. Bienvenido al mundo, Divino Niño ...............45

**Oraciones para el Tiempo Ordinario**............**49**
7. ¡Dame tu luz!....................................................52
8. Te he buscado, Señor ....................................53
9. Los ojos están puestos en Ti.........................54
10. Maestro, hazme tu discípulo........................56
11. Ha llegado mi hora........................................58
12. Transfórmame como al agua en vino.........60
13. Nadie es profeta en su tierra........................61
14. Sal de la tierra y luz para el mundo............62
15. Toma mi mano, Señor...................................63
16. ¿Dónde arrojar mis redes?..........................64
17. Guardaré tus leyes, Dios Altísimo..............65
18. Si quieres, puedes purificarme....................66
19. Haz de mi vida una bienaventuranza..........68
20. Para ser bienaventurado...............................69

21. Perdonar a mi enemigo..................................70
22. Ayúdame, Señor, a ser como Tú quieres.........72
23. La viga y la paja..............................................74
24. Gracias, Señor, por tu bondad........................75
25. Sembrando semillas.........................................77
26. Dame valentía, Señor......................................78
27. Estoy cansado de esta cruz.............................79
28. Ayúdame, Señor..............................................81
29. Te pido ser tierra buena..................................82
30. Llámame y envíame........................................84
31. El trigo y la cizaña...........................................85
32. Te busco y no te encuentro............................87
33. Cinco panes y dos peces.................................89
34. Eres el pan que me salva................................90
35. Eres, Jesús, el Pan del Cielo...........................91
36. En verdad, ¿quién dices que soy Yo? ............92
37. Señor, ¿a quién iré?.........................................94
38. Dame tu cruz, Señor.......................................96
39. Que no adultere yo la Ley de Dios................97
40. Cámbiame, ilumíname, sáname.....................99
41. Abre mis oídos, toca mi lengua....................100
42. Ayúdame, Señor, a perdonar.......................101
43. Tú eres el Cristo y el Hijo de Dios Padre.....103
44. Mi Señor y mi camino..................................104
45. Quiero ser fruto de tu viña...........................105
46. Soy tu discípulo, Señor.................................107
47. No separar lo que Dios ha unido.................108
48. Mi verdadera riqueza....................................109
49. A Dios, lo que es de Dios.............................110
50. Hijo de David, ¡ten piedad de mí!................111

51. Da coherencia a mis palabras.....................112
52. La lámpara de mi fe........................114
53. Nada sin Ti, Señor...........................115
54. Gracias, Rey del Universo.......................116

**Oraciones para el Tiempo de Cuaresma.......119**
55. Conviérteme, Señor...........................122
56. Al adentrarse en el desierto......................123
57. Líbrame, Señor.............................125
58. No solo de pan viviré..........................126
59. Quítate las sandalias.........................128
60. Quiero ser de los tuyos.........................129
61. Subir y bajar con el Señor......................131
62. Dame de beber de tu agua viva..................132
63. Mi alma, morada del Señor......................134
64. Abre mis ojos, Señor..........................135
65. Te admiro, Jesús bueno.........................136
66. Oración del Hijo Pródigo......................137
67. Sí, un día he de morir.........................139
68. ¿Dónde están los que me acusan?.................141
69. Nada sin Ti, Señor............................142

**Oraciones para la Semana Santa..............145**
70. ¡Hosanna, Jesús, Rey Mío!.....................148
71. Siguiendo a Jesús en su Pasión..................149
72. Perdóname, Padre, y confía....................152

**Oraciones para el Tiempo de Pascua...........157**
74. Eres mi alegría, Señor........................159
75. Vuelves a mí, Señor..........................161
76. Abre tu puerta, buen Pastor....................163

77. Pertenezco a tu rebaño, Señor..................165
78. Tú eres mi buen Pastor..........................166
79. Eres mi Camino, mi Verdad y mi Vida..........167
80. Soy uno de los sarmientos......................168
81. Necesito de ti, Señor mío......................169
82. Permaneceré en ti, Señor mío..................170
83. Al subir Jesús al Cielo........................171
84. ¡Espíritu Santo, Ven!..........................173
85. Al Misterio de la Trinidad.....................176

**La Oración del Corazón**......................179
La oración del corazón en la Iglesia Católica......183
Cuando ora el corazón.............................186
Una vía de crecimiento espiritual.................187
El cordón de oración..............................188
Para ahondar en la oración del corazón............190

**Otros títulos de Mauricio I. Pérez**.................193

# Prefacio

Este libro que tienes en tus manos es un manual de oración. Busca ser un auxilio para propiciar momentos de encuentro y de intimidad con Dios. Hay veces en que sentimos la necesidad imperiosa de dirigirnos al Señor, pero nos faltan las palabras.

Cierto que la contemplación es la forma de oración por excelencia y que en el silencio contemplativo, si estamos atentos, podemos escuchar a Dios hablándonos. Pero también lo es que, en ocasiones, necesitamos presentar ante Dios nuestro corazón con sus sentimientos, ya sean de gozo y gratitud, de inquietud y súplica o de arrepentimiento que busca el perdón divino. Y cuando faltan las palabras, siempre viene bien un manual de oración que nos preste esas palabras que nos hacen falta y que nos den pie para continuar por cuenta propia dialogando con el Señor.

Tal vez el título de este libro que tienes en tus manos te parezca confuso. ¿Qué tiene que ver la oración en la fe católica con una gota de agua? Mucho más de lo que uno pudiera suponer. Como todo libro, este también tiene una historia detrás. La contaré en el primer capítulo.

# LA GOTITA
# DE AGUA

Mi aventura con la gotita de agua comenzó con un mensaje que recibí de Polonia por correo electrónico. La Hna. Anna es una monja polaca y una buena amiga. Suele compartir conmigo temas de espiritualidad que han nutrido mi alma y acrecentado mi fe de manera muy significativa – además de unos deliciosos chocolates polacos que también han endulzado mi paladar de cuando en cuando –. Detalles que dan sabor a la vida y mantienen viva una amistad a pesar de la distancia.

Esa vez compartió conmigo un hermoso poema que me estremeció hasta lo más profundo, *El romance de la gotita de agua*. Al leer cada uno de sus versos, sentía un vértigo en el alma que culminó en un torrente de lágrimas que escurrían por mis mejillas sin parar. Un poema que habla sobre una pequeña gota de agua que solo buscaba cumplir la voluntad santa de Dios.

De alguna forma, veía mi vida reflejada en esa gotita. Al menos, hasta antes de los últimos versos que ponen fin a ese fascinante cuento poético. El destino final de aquella gotita es un premio sublime del cual no me siento digno, pero al cual sin duda, no queda otra opción más que aspirar. No existe alternativa si en verdad se ama a Dios y si, como aquella gotita, en la vida se busca, se quiere y se intenta cumplir su voluntad santa así en las buenas, como en las malas.

Los versos brotaron de la pluma de una monja carmelita descalza que, en su humildad, no quiso firmarlo con su nombre. Le bastó con dejar la referencia a su congregación.

# El Romance
# de la Gotita de Agua

*-Una carmelita descalza*

Pues, he aquí que una vez,
una gotita de agua
en lo profundo del mar
vivía con sus hermanas.

Era feliz la gotita...
libre y rápida bogaba
por los espacios inmensos
del mar de tranquilas aguas
trenzando rayos de sol
con blondas de espuma blanca.

¡Qué contenta se sentía,
pobre gotita de agua,
de ser humilde y pequeña,
de vivir allí olvidada
sin que nadie lo supiera,
sin que nadie lo notara!

Era feliz la gotita...
ni envidiosa ni envidiada,

solo un deseo tenía,
solo un anhelo expresaba...

En la calma de la noche
y al despertar la alborada
con su voz hecha murmullo
el Buen Dios así rezaba:
"Señor, que se cumpla en mí
siempre tu voluntad santa;
yo quiero lo que Tú quieras,
haz de mi cuanto te plazca"...
y escuchando esta oración,
Dios sonreía... y callaba.

Una tarde veraniega
durmióse la mar, cansada,
soñando que era un espejo
de fina y de bruñida
un sol de fuego lanzaba
sus besos más ardorosos.

Era feliz la gotita
al sentirse así besada...
el sol, con tiernas caricias,
la atraía y elevaba
hacia él y, en un momento,
transformóla en nube blanda.

Se reía la gotita
al ver cuan alto volaba,
y, dichosa, repetía
su oración acostumbrada:
"Cúmplase, Señor, en mí
Siempre tu voluntad santa"...
al escucharla el Señor
se sonreía... y callaba.

Mas, llegado el crudo invierno
la humilde gota de agua,
estremecida de frío,
notó que se congelaba
y, dejando de ser nube,
fue copo de nieve blanca.

Era feliz la gotita
cuando, volando, tornaba
a la tierra, revestida
de Túnica inmaculada
y en lo más alto de un monte
posaba su leve planta.

Al verse tan pura y bella
llena de gozo rezaba:
"Señor, que se cumpla en mí
Siempre tu voluntad santa"...

y allá, en lo alto del cielo
Dios sonreía... y callaba...

Y llegó la primavera
de mil galas ataviada;
al beso dulce del sol
fundióse la nieve blanca
que, en arroyo convertida,
saltando alegre cantaba
al descender de la altura
cual hilo de fina plata.

Era feliz la gotita...
¡cuánto reía y gozaba
cruzando prados y bosques
en su acelerada marcha!
y a su Dios esta oración
suavemente murmuraba:
"En el cielo y en el mar,
en el prado o la montaña,
solo deseo, Señor,
cumplir tu voluntad santa"...
y Dios, al verla tan fiel,
se sonreía... y callaba...

Pero un día la gotita
contempló, aterrorizada,

la oscura boca de un Túnel
que engullirla amenazaba,
trató de huir, mas en vano,
allí quedó encarcelada
en tenebrosa mazmorra
musitando en su desgracia
aquella misma oración
que antes, dichosa, rezaba:
"Señor, que se cumpla en mí
siempre tu voluntad santa...
en esta noche tan negra,
en esta noche tan larga
en que me encuentro perdida
Tú sabes lo que me aguarda,
yo quiero lo Tú quieras,
haz de mí cuanto te plazca"...
mirándola complacido
Dios sonreía... y callaba...

Pasaron día y noches
y pasaron las semanas,
pasaron, lentos, los meses
y la gota, aprisionada
en aquel Túnel tan triste
iba avanzado en su marcha
y... fue feliz la gotita,

porque cuando a Dios oraba,
sentía una paz muy honda
y de sí misma olvidada,
vivía para cumplir
de Dios la voluntad santa.

Mas, he aquí que, de pronto,
quedó como deslumbrada,
había vuelto a la luz
y se encontró colocada
en una linda jarrita
que una monjita descalza
depositó con amor
sobre el ara consagrada.

Presa de dulce emoción
la pobre gota temblaba
diciendo : "Yo no soy digna
de vivir en esta casa,
que es la casa de mi Dios
y de sus esposas castas".
El Señor, que la vio humilde,
sonreía... y se acercaba.

Empezó la Eucaristía,
la gotita que, admirada,
los ritos iba siguiendo,

sintió que la trasladaban
desde la bella jarrita
hasta la copa dorada
del cáliz de salvación
y, con el vino mezclada,
en puro arrobo de amor
repetía su plegaria:
"Señor que se cumpla en mí
siempre tu voluntad santa"...
y sonreía el Señor,
sonreía... y se acercaba...

Llegado ya el gran momento,
resonaron las palabras
más sublimes que en la tierra
pudieron ser pronunciadas,
y el altar se hizo Belén
en el Vino y la Hostia santa.
Y... ¿qué fue de la gotita ?...
¡Feliz gotita de agua!...
Sintió el abrazo divino
que hacia Sí la arrebataba
mientras, por última vez
mansamente suspiraba:
"Señor, que se cumpla en mí
siempre tu voluntad santa"...

> y, al escucharla su Dios
> sonreía... y la besaba
> con un beso tan ardiente
> que el "Todo" absorbió a la "nada"
> y en la sangre de Jesús
> la dejó transubstanciada...
>
> Esta es la pequeña historia
> de una gotita de agua
> que quiso siempre cumplir
> de Dios la voluntad santa.

El poema era demasiado hermoso para guardármelo. Como todos los grandes tesoros, había que compartirlo. De modo que grabé el poema en mi programa *Semillas para la vida* para que muchos más lo conocieran. Grabarlo no fue fácil. Requirió varias tomas porque, invariablemente, llegaba un punto en que se me hacía un nudo en la garganta, otro más en que se me quebraba la voz y uno final en que las lágrimas no me dejaban terminar. Por fin pude grabarlo completo y sacarlo al aire.

Lejos estaba yo de imaginar que el poema tocaría a miles de almas de la misma forma que había tocado la mía. Mi auditorio me pide año con año que repita su transmisión y que les envíe el texto con los versos. Varias personas han descargado el audio y con fotografías y animaciones han montado videos que muchas personas ven y comparten a través de las redes sociales.

Hace poco, recibí una carta de un convento de carmelitas descalzas en Argentina. Descubrieron una de las grabaciones y quedaron enamoradas del poema. Me escribieron para preguntarme el nombre de la hermana de su congregación que había compuesto tan bellos versos con el fin de establecer contacto con ella.

Me hubiera encantado ayudarlas. Pero, si perteneciendo ellas a la misma congregación, no lograban dar con la autora, ¿cómo podía yo ayudarlas? Lo más que he encontrado, es que esta monja es oriunda de Igualada, En Cataluña, España. Tal vez aquella buena monjita ya haya logrado alcanzar el destino final de su pequeña gotita de agua y no podamos más encontrarla aquí en la tierra.

## Mi gotita de agua

Dicen bien que nadie sabe para quien trabaja. Aunque su autora es desconocida para muchos, lo cierto es que miles de personas me relacionan a mí – inmerecidamente – con *El romance de la gotita de agua*. En ocasiones me detienen algunas personas que amablemente escuchan mis programas solo para saludarme y me cuentan que el programa donde he recitado los versos de la gotita de agua es su favorito de todos.

He presentado el poema en diferentes conferencias y retiros y el impacto siempre es el mismo. La mayoría de los presentes se sienten sobrecogidos y gotitas de agua comienzan a escurrir por sus mejillas.

En abril de 2018 dirigí un retiro de encierro en la arquidiócesis de Seattle. En el centro de retiros enclavado en el bosque a la orilla del mar, presenté varios temas de espiritualidad, liturgia y Sagrada Escritura. Una tarde lluviosa, después de la comida y para captar la atención de mi auditorio antes de iniciar mi siguiente tema, proyecté el video con el poema. Como era de esperarse, gotitas de agua rodaron por las mejillas de algunos de los asistentes. Incluso desde que inició la melodía con que inicia mi grabación, lágrimas brotaron de los ojos de una amiga muy querida que se había identificado con esa gotita de una forma más profunda, a fuerza de escuchar el poema por radio año con año. Me sobrecogió mirarla tan conmovida, mientras en el ventanal a sus espaldas escurrían cientos de gotitas de agua que caían del cielo copiosamente.

Esa noche, en el retiro, dando dirección espiritual, el recuerdo del poema brotó en la conversación. Escuché la forma en que los versos compuestos por aquella *monjita descalza* habían afectado para bien la fe de una persona. Alguien que, como Moisés ante la zarza ardiente, se había quitado las sandalias para poner los pies descalzos sobre la tierra y presentarse así ante su Dios con humildad y con el corazón abierto. Comprendí que no hay gota de agua más perfecta que una lágrima derramada por amor: por amor a Dios, por amor a los hijos, por amor a aquella persona que es el amor de nuestra vida...

Al concluir el retiro, un sacerdote que celebró para nosotros la Santa Misa, pidió a cada uno de los asistentes que dijera en una palabra lo que se llevaba del retiro. Un buen hombre respondió sin titubear cuando llegó su turno, "una gotita de agua". Al escucharlo, una gotita de agua comenzó a rodar por mi mejilla.

Son momentos como estos tres cuando puedo constatar el poder que alcanzan a tener sobre el corazón y el alma de las buenas persona unos dulces versos escritos por amor a Dios. Insisto: no hay gota de agua más perfecta que una lágrima derramada por amor.

Sé que muchos buscan, como la gotita, cumplir la voluntad santa de Dios. Sobre todo, en los momentos más oscuros de la vida, cuando resulta más difícil hacerlo. Es en esos momentos, cuando más se necesita rezar.

Sin embargo, muchas veces faltan las palabras. Necesitamos de alguien que las ponga en nuestros labios para hacerlas nuestras y así, hablarle a Dios. De ahí la razón detrás de este libro.

## Las oraciones

Si bien *El romance de la gotita de agua* se ha convertido en una especie de carnet de identidad de mi apostolado, la realidad es que mi esfuerzo por evangelizar cubre muchos otros aspectos de mi fe allende la espiritualidad. Uno de ellos es la pastoral bíblica. Cada semana desarrollo un análisis escriturístico del Evangelio que leemos el domingo en la Santa Misa, a través de mi programa *Pasión por el Evangelio*.

Analizar e interpretar las Sagradas Escrituras – hacer exégesis dirían los biblistas – resulta en definitiva un ejercicio fascinante. Pero de nada sirve si el análisis de la Palabra de Dios no nos conduce a comprenderla mejor a fin de que resuene en nuestro interior revelándonos la voluntad de Dios en cada momento de nuestra vida. Se quedaría todo en un mero ejercicio intelectual, interesante pero vacío. De ahí que siempre concluya mi programa con un momento de oración en el que lo que hemos analizado y aprendido del Evangelio se condensa en una plegaria que elevamos juntos al Señor con la mano puesta en el corazón.

Según me dice el auditorio del programa, la oración final de *Pasión por el Evangelio* es un momento especial que toca el corazón de algunos, sobrecoge a otros y ayuda a todos a dirigirse a Dios. Sé que hay quien las transcribe en un cuaderno, sé que hay quien las reza ante el Santísimo, sé que hay quien las lee en la Santa Misa tras la comunión desde un micrófono, sé que hay quien ve el programa completo cada semana tan solo por llegar al momento final de la oración y sé también que hay muchos que quisieran ver estas oraciones publicadas en un manual de oración.

Es este el propósito de este libro, que contiene una compilación de las oraciones con que termina cada emisión de Pasión por el

Evangelio. Están agrupadas por tiempos litúrgicos. Para darles contexto, las oraciones son precedidas por algunos versículos del pasaje del Evangelio en el cual están basadas. No es este un libro escrito para leerse de principio a fin, sino para facilitar el diálogo con el Señor.

Este libro concluye con un capítulo dedicado a la Oración del Corazón. Es esta mi forma favorita de orar y el retiro espiritual que he mencionado estuvo centrado en la práctica de esta sencilla, pero profunda forma de dirigirse a Dios.

## ¿Cómo rezar estas oraciones?

Es importante recordar que orar no es cuestión de repetir palabras tanto como de penetrar en una auténtica comunión con Dios. Jesús advirtió a sus discípulos acerca de reducir la oración a una mera multiplicación de palabras (Mt 6,7). La oración tiene el propósito de ser una puerta que se nos conduzca hacia la gracia transformadora de Dios.

La oración jamás tiene que ver con cambiar a Dios, sino con ayudarnos a cooperar con su gracia para ser transformados con ese encuentro.

Es con este ánimo que las oraciones de este libro deben ser rezadas. A diferencia de su versión presentada en Pasión por el Evangelio, en que las oraciones están escritas en primera persona del plural (nosotros), en este libro aparecen conjugadas en primera persona del singular (yo). El propósito no es aislarnos de nuestra comunidad olvidando que nuestra oración va dirigida al Padre "nuestro". Más bien, el propósito específico de conjugar así las oraciones en este libro, es suscitar una conversación personal, de tú a Tú, con Dios que facilite la intimidad.

Como en toda conversación eficaz, es necesario que escuchemos más de lo que hablamos. El silencio es una parte importante de la vida de oración diaria del discípulo, aun cuando se emplea un recurso de oración como este. Tras rezar estas oraciones, conviene un momento de silenciosa contemplación, para poder escuchar a Dios cada vez que tenga algo que decirnos.

Cada oración se puede recitar completa, en silencio o en voz alta.

Se puede recitar una vez, fijarse en alguna frase que resuene y quedarse meditando en ella al terminar la oración para luego volver a recitar la oración completa.

Se pueden rezar las oraciones pausadamente, tomando una respiración profunda entre verso y verso.

Se pueden rezar las oraciones progresivamente según el calendario litúrgico o se puede abrir el libro al azar y rezar la oración espontánea que aparezca en sus páginas.

Se pueden rezar las oraciones ante el Santísimo, en Misa después de comulgar, al despertar, antes de ir a la cama o durante el día cuando se quiera encontrar un remanso en presencia del Señor.

Que estas oraciones que tienes en tus

manos sean para tu provecho espiritual. Que sus versos resuenen en tu corazón al brotar de tus labios y que en respuesta escuches la voz de Dios que te habla aquí y ahora.

Cada página de este libro está escrita con un amor especial. Es una colección de oraciones para aquella gotita de agua que solo busca, de Dios, hacer su voluntad santa.

# ORACIONES PARA ADVIENTO Y NAVIDAD

El tiempo de Adviento suele ser de gozo en nuestro interior, pues nos prepara para la Navidad. El ambiente de las ciudades mismas, con decoraciones y luces de colores, villancicos en la radio y los comercios, reuniones con viejos conocidos y familiares y el anhelo de una cena que suele congregar familias enteras en torno al pesebre, hacen que nuestro corazón se llene de gozo.

Para algunos otros, el tiempo de Adviento, y después el de Navidad, suelen ser lo contrario. La nostalgia al encontrarse lejos del hogar y la familia o la melancolía por ya nunca más poder celebrar con las personas más amadas, hacen de este, uno de los tiempos más difíciles del año.

Sea de gozo o de desolación, la oración continua resulta imprescindible, pues nos ayuda, por encima y a través de cualquier sentimiento, a centrar nuestra mirada en Aquel que, siendo Dios, se encarna y se hace pequeño para dar sentido a nuestra vida misma. El incomprensible y aparente absurdo de ver a un Dios naciendo pobre en un pesebre, pueden dar sentido al mayor de los sinsentidos que nuestra vida tenga que enfrentar en un momento dado.

Si bien es cierto que el Adviento nos prepara para la Navidad, esto sucede solo en su parte final. La primera parte del Adviento nos prepara en realidad para la Parusía, la segunda y definitiva venida de Jesús. Es la razón por la que el tema de la vigilancia es relevante en este tiempo litúrgico.

El tiempo de Navidad debe ser, en definitiva, un tiempo de gran gozo, aun por encima de la melancolía más punzante. Es la razón por la que nuestra actitud durante estos dos tiempos litúrgicos suele manifestar cómo quisiéramos realmente ser con los demás:

buenos, compartidos, caritativos, tolerantes, pacientes y alegres.

A fin de cuentas, el Adviento nos prepara para tres eventos: la celebración del memorial de la natividad que tuvo lugar en la cueva de Belén hace poco más de 2,000 años, la celebración de la Navidad presente y nuestro encuentro con el Señor en su Parusía.

Jesús vino al mundo, pero los suyos lo rechazaron. Incluso desde el comienzo, cuando nadie abrió su puerta para darle posada. Que no seamos nosotros de aquellos por los cuales el Niño Dios se sintió rechazado. Acojámoslo en nuestro corazón. Que no sea por nosotros que esa noche no tenga posada. Que no sea por nosotros que más adelante en su vida, no tenga el Hijo del Hombre donde reclinar la cabeza.

# 1. Vigilancia

*"Estén prevenidos, entonces, porque no saben cuándo llegará el dueño de casa: si al atardecer, a medianoche, al canto del gallo o por la mañana. No sea que llegue de improviso y los encuentre dormidos. Y esto que les digo a ustedes, lo digo a todos: ¡Estén prevenidos!"*
-Mc 13,35-37

Soy vigilante, Señor,
si miro al cielo y no solo a la tierra,
si procuro ser mejor cristiano,
si pido perdón al ofender.

Soy vigilante, Señor
Si no pierdo la esperanza,
si no pierdo la ilusión de verte,
si no pierdo la alegría de la fe.

Soy vigilante, Señor
Si te amo y te rezo,
si te conozco y leo tu Palabra,
si te acojo en mi corazón.

Soy vigilante, Señor,
si no me despisto y creo en Ti,
si no me despisto y espero en ti,
si no me alejo y me aferro a ti.

Soy vigilante, Señor.
Gracias, Jesús, no tardes en llegar
¡porque te espero! Amén.

## 2. Estad despiertos en todo tiempo

*Tened cuidado de vosotros, no sea que se emboten vuestros corazones con juergas, borracheras y las inquietudes de la vida y se os eche encima de repente aquel día; porque caerá como un lazo sobre todos los habitantes de la tierra. Estad, pues, despiertos en todo tiempo, pidiendo que podáis escapar de todo lo que está por suceder y manteneros en pie ante el Hijo del hombre".*

*-Lc 21,34-36*

Si dudo de tus promesas,
levanta mi fe, Señor.
Si aumentan mis pesares,
alza mi ánimo, Señor.
Si me acosan mil dificultades,
haz inmensa mi fortaleza, Señor.

Si mi interior se acobarda,
reaviva mi espíritu, Señor.
Si me ciegan los ídolos,
dirige mi vista hacia Ti, Señor.
Si me enloquece la apariencia,
lleva mi corazón a Ti, Señor.

Si mi cabeza se inclina,
sostenla para poder verte.
Si me encuentro esclavo,

rompe mis cadenas
para poder caminar.

   Si me encierro en mí mismo,
reorienta mi alma hacia Ti, Señor.
Si me conformo con lo que veo,
recupera mi afán de buscarte.

   Si sufro por la ansiedad,
alimenta en mí la conformidad.
Si prefiero la comodidad.
llámame y ponme en pie, Señor.

   Si duermo y no te espero,
abre mis ojos y despiértame, Señor.
Si me despisto y no te busco,
espabílame y condúceme, Señor.

   Si me equivoco de dirección,
recondúceme y reoriéntame, Señor.
Si prefiero otros señores,
háblame y hazme ver tu grandeza.

   Si no tengo miedo a nada,
dame fe y dame tu santo temor.
Si me creo único e invencible,
acércate y dame humildad.

   Si pasa el tiempo y desespero,
ayúdame y ven a mi encuentro.

   Amén.

# 3. Que sea yo un camino para tus pasos

*Está escrito en el profeta Isaías: "Yo envío mi mensajero delante de ti para que te prepare el camino. Una voz grita en el desierto: 'Preparad el camino del Señor, allanad sus senderos."*

*-Mc 1,2-3*

Concédeme, Señor, ser camino
por el que Dios pueda andar,
en el que Jesús pueda crecer,
en el que el Señor pueda reinar.

Concédeme ser camino
donde los hombres encuentren a Jesús,
donde mis amigos descubran alegría,
donde todo sea paz y esperanza.

Concédeme ser camino
para que Dios pueda nacer,
para que Dios pueda amar,
para que Dios pueda hacerse hombre.

Concédeme ser camino.
Sí, Jesús; quiero ser tu camino:
un camino por donde vengas,
un camino por donde enseñes,
un camino por donde sirvas,
un camino por donde salves,
un camino por donde toques,

un camino por donde nos abraces.

Concédeme ser camino.

Amén.


## 4. Dame un corazón alegre

*Alégrense siempre en el Señor. Vuelvo a insistir, alégrense, pues el Señor está cerca.*
- Cf. Flp 4, 4-5

Dame, Señor, un corazón alegre,
entre otras cosas, porque sé
que Tú llegas por mí y para mí.
Porque ves el vacío que existe en el hombre
si Tú no estás dentro.

Dame un corazón alegre,
porque soy consciente, Señor,
de que la llegada de un amigo
altera la vida de una familia,
el orden al que estamos acostumbrados.

Dame un corazón alegre,
porque ante las calamidades, Señor,
no es bueno acobardarse,
no es sensato reprimirse,
no es cristiano acomplejarse:
hay que sonreír, incluso, en la aflicción.

Dame un corazón alegre:
alegre por tu llegada,
alegre por tu Nacimiento,
alegre porque, Tú, me das la fuerza,
alegre porque vienes a levantarme,
alegre porque mi alegría eres Tú.

Dame un corazón alegre,
porque al final de la oscuridad brillas Tú,
porque en mis problemas
me sostiene tu mano,
porque en las dudas me das Tú certeza,
porque en la soledad, eres eterna compañía.
Porque si vienes, es para estar conmigo.

Dame un corazón alegre,
porque, sin alegría, algo faltará en mi corazón;
porque, sin alegría, puede que pases de largo, Señor;
porque, sin alegría, la vida no es vida;
porque, sin alegría, falta luz en cada día.

Dame un corazón alegre, Señor.
Tu Nacimiento y tu llegada
son la causa de mi gozo,
la música de mi alma,
la alegría de mi rostro.

Amén.

# 5. Déjame sentir el gozo por tu llegada

*¡Grita de alegría, hija de Sión! ¡Aclama, Israel! ¡Alégrate y regocíjate de todo corazón, hija de Jerusalén!*

*-Sof 3,14*

Señor Jesús,
tu próxima llegada me llena de gran gozo.
Mi corazón se estremece
de ansia y expectación.

Saber que estas por venir,
hace renacer mi esperanza,
aviva mi ilusión,
me hace querer ser mejor.

Porque en el tiempo de Adviento
suelo ser mejor de lo que soy:
tolerante, caritativo y alegre.

Pero no siempre es así.
También hay quienes sufren en Adviento.

Hay quienes se sienten tristes
y han perdido la esperanza.
Hay quienes tienen miedo y
se sienten amenazados.
Hay quienes se han quedado solos
y quienes están lejos de quienes más aman.
Para ellos, esta Navidad no será fácil.

Te pido, Señor,
que infundas en los corazones de todos
el gran gozo por tu próxima llegada.
Que la tibia flama de la vela rosada
de nuestra corona
dé calor al frío de nuestras almas.
Que su luz disipe las tinieblas
del rencor, del miedo, de la tristeza
y del dolor.

Que el gozo del *Gaudete*
destierre la nostalgia.
Que recuerde siempre que solo Dios basta.

Ven Señor, ven pronto que te necesito.
Ven pronto, Señor.

Amén.


# 6. Bienvenido al mundo, Divino Niño

*Se le cumplieron a María los días del alumbramiento y dio a luz a su hijo primogénito. Lo envolvió en pañales y lo acostó en un pesebre, porque no tenían sitio en la posada.*

*-Lc 2,6-7*

Bienvenido, Divino Niño,
esta es tu casa.
Haz de nuestro mundo
un hogar de pan y de paz.
Los hombres rompemos en pedazos
la gran casa del mundo.
Reconstrúyela con tu nacimiento.

    Bienvenido, Divino Niño, a la tierra.
Haz de nuestros suelos
caminos de amor y de concordia.
Los hombres rompemos la gran partitura
que Dios compuso
en el principio de la historia.

    Bienvenido, Divino Niño,
en esta noche silenciosa,
a un lugar donde habita y reina el ruido.
Quiero escuchar palabras de amor,
quiero ver el rostro de Dios,
quiero comprender que para llegar hasta Él
debo inclinarme, y entrar pequeño,
en Nazaret.

    Bienvenido, Divino Niño,
a nuestra miseria.
¿Te das cuenta, Jesús, dónde has entrado?
¿Conoces, Jesús, el estado
de mi corazón?

    Aun así, gracias, Señor por venir.
Eres la gran noticia de esta noche,

la luz que ilumina
el camino incierto del hombre,
el llanto que nos hace solidarios,
el Niño que en el mundo
es salvación y futuro.

    Bienvenido, Divino Niño, a este valle.
Permíteme, Señor, como los pastores,
ofrecerte lo que soy y lo que tengo.

    Déjame, en el universo
que rodea este misterio,
unirme al coro de los ángeles y los arcángeles.

    Doblo mi rodilla ante Ti, Señor.
Eres tan pequeño y tan grande,
tan débil y tan fuerte,
tan inocente y tan sabedor de lo que te espera.

    Bienvenido, Divino Niño, a nuestra tierra.
Protegedle, José y María.
La paz, el amor, la concordia,
la fraternidad, el mundo, el hombre,
todos lo esperan
y todos lo necesitamos.

    Amén.

# ORACIONES PARA EL TIEMPO ORDINARIO

Además de los tiempos litúrgicos que tienen un motivo particular, hay 33 o 34 semanas en las que no celebramos un elemento en especial del misterio de Cristo. Más bien, dedicamos estas semanas a celebrar el misterio de Cristo completo. Llamamos a este "Tiempo Ordinario".

Durante este tiempo, los fieles cristianos contemplamos no solo los misterios de redención, sino que aprendemos a vivirlos a partir de los dichos y los hechos de Jesús. Episodios de sanación, conversión y enseñanza, siempre nos dan la ocasión de entablar un diálogo personal con Aquel que es el Camino, la Verdad y la Vida.

# 7. ¡Dame tu luz!

*Juan el Bautista vio acercarse a Jesús y dijo: "Este es el Cordero de Dios, que quita el pecado del mundo. A él me refería, cuando dije: Después de mí viene un hombre que me precede, porque existía antes que yo. Yo no lo conocía, pero he venido a bautizar con agua para que él fuera manifestado a Israel". Y Juan dio este testimonio: "He visto al Espíritu descender del cielo en forma de paloma y permanecer sobre Él.*
*-Jn 1,29-32*

Tú, Señor,
eres la luz
que vence a la oscuridad.
¡Dame tu luz!

Tú, Señor,
eres el Siervo que sirve a Dios.
¡Llévame a Dios!

Tú, Señor,
eres la razón de mi vida.
¡Dame vida con tu vida!

Tú, Señor,
eres camino hacia Dios
¡Muéstrame al Padre!

Tú, Señor,
quitas todos mis pecados.
¡Purifícame!

Tú, Señor,
estás lleno del Espíritu Santo.
¡Vacíame de todo lo que no es necesario!

Tú, Señor,
eres olvidado por muchos.
¡Ayúdame a pregonar tu Nombre!

Amén.

# 8. Te he buscado, Señor

*Estaba Juan Bautista con dos de sus discípulos y, mirando a Jesús que pasaba, dijo: "Este es el Cordero de Dios". Los dos discípulos, al oírlo hablar así, siguieron a Jesús. Él se dio vuelta y, viendo que lo seguían, les preguntó: "¿Qué quieren?". Ellos le respondieron: "Rabbí – que traducido significa Maestro – ¿dónde vives?". "Vengan y lo verán", les dijo.*

*-Jn 1, 35-39a*

Te he buscado, Señor,
y te he encontrado en el amor.
Te he visto en el hermano
y he te tocado en el triste.

Te he buscado, Señor,
y en la oración he hablado contigo.
En la paz te he abrazado
y en el perdón te he sentido.

Te he buscado, Señor,
y en la alegría me ha sonreído.
En la enfermedad me has visitado
y en la Palabra te he escuchado.

Te he buscado, Señor,
y, después de buscarte,
es cuando me he dado cuenta
de que por fin te he encontrado.

Amén.

# 9. Los ojos están puestos en Ti

*Jesús fue a Nazaret, donde se había criado; el sábado entró como de costumbre en la sinagoga y se levantó para hacer la lectura. Le presentaron el libro del profeta Isaías y, abriéndolo, encontró el pasaje donde estaba escrito: "El Espíritu del Señor está sobre mí, porque me ha consagrado por la unción. Él me envió a llevar la Buena Noticia a los pobres, a anunciar la liberación a los cautivos y la vista a los ciegos, a dar la libertad a los oprimidos y proclamar un año de gracia del Señor".*

*-Lc 4,14-19*

Los que esperan
tienen los ojos puestos en Ti
para que no los defraudes.

Los que desesperan
tienen los ojos puestos en Ti
para que les des esperanza.

Los tristes
tienen los ojos puestos en Ti
para que les bendigas con la alegría.

Los abatidos
tienen los ojos puestos en Ti
para que los levantes.

Los decepcionados
tienen los ojos puestos en Ti
para que les des optimismo.

Los pobres
tienen los ojos puestos en Ti
para que se sientan ricos.

Los orgullosos,
que pongan los ojos en Ti
para que les devuelvas la humildad.

Los vanidosos,
que pongan los ojos en Ti
y sientan que son poco o nada.

Los confundidos
tienen los ojos puestos en Ti
para que Tú les señales el camino.

Los sordos
tienen los ojos puestos en Ti

para que tu Palabra los haga sensibles.

Los confundidos
tienen los ojos puestos en Ti
para encontrar certezas.

Los que sufren
tienen los ojos puestos en Ti
para que les ayudes en dar con la justicia.

Los hambrientos
tienen los ojos puestos en Ti
para que el mundo no olvide a los pobres.

Los perseguidos
tienen los ojos puestos en Ti
para que sean libres.

Los calumniados
tienen los ojos puestos en Ti
para que prevalezca la verdad.

Yo
tengo mis ojos puestos en ti
para que nunca falte sentido a mi vida.

Amén.

## 10. Maestro, hazme tu discípulo

*Pasando junto al mar de Galilea, vio a dos hermanos, a Simón, llamado Pedro, y a Andrés, que estaban echando la red en el mar, pues eran pescadores. Les dijo: "Venid en pos de mí y os haré pescadores de hombres". Inmediatamente dejaron las redes y lo siguieron.*

*-Mt 4,18-20*

Maestro, hazme tu discípulo
para ver dónde y cómo vives,
para conocer el camino de la verdad,
para ser profundamente feliz.

Maestro, hazme tu discípulo
y enséñame a pescar la alegría,
impúlsame a pescar personas para Ti
y permíteme a mirarte a los ojos.

Maestro, hazme tu discípulo
y dime tu Palabra
para saber qué quieres de mí.
Aliméntame con tu Eucaristía para ser fuerte.
Concédeme rezar siempre junto a Ti
para nunca sentirme solo.

Maestro, hazme tu discípulo
y cambia aquello en que no soy bueno,
cambia mi corazón de piedra
y corrígeme si estoy equivocado

Amén.

## 11. Ha llegado mi hora

*Jesús vino a Galilea y proclamaba la Buena Noticia de Dios, diciendo: "El tiempo se ha cumplido: el Reino de Dios está cerca. Conviértanse y crean en la Buena Noticia". Mientras iba por la orilla del mar de Galilea, vio a Simón y a su hermano Andrés, que echaban las redes en el agua, porque eran pescadores. Jesús les dijo: "Síganme, y Yo los haré pescadores de hombres".*

*-Mc 1,14b-17*

Ha llegado mi hora.
Ahora, más que nunca,
tengo ganas de conocerte,
de seguirte como lo bueno y noble,
de soltarme de las redes
que me retienen como esclavo.

¡Deseo tanto encontrarte, Señor!
No pases de largo
al verme sentado en la vega del camino.
Y si acaso no respondo,
nunca dejes de insistir.

Tal vez, el ruido de la comodidad,
me impide saltar con rapidez a tu camino.

Tal vez, la seducción de lo que fácil,
no me deja escuchar la dulzura de tu voz.

Tal vez, mi mundo y mis caprichos,
me confunden y me hunden
en un mar sin fondo,
en una habitación sin más vida
que lo efímero y fugaz,
en una realidad que, mañana,
no existirá más.

Llámame, Señor,
porque es mi hora;
porque tengo miedo
de que pases de largo
y, viéndome tan ocupado en lo mío,
no quieras más contar conmigo.
Porque tengo miedo
de que ilusionado
por todo lo que veo,
no distinga lo grande que es tu Reino.
Porque tengo miedo de que,
atrapado en mis redes,
no pueda soltarme a tiempo
y ser libre contigo para siempre.

Llámame, Señor,
ahora más que nunca.

Amén.

# 12. Transfórmame como al agua en vino

*Se celebraron unas bodas en Caná de Galilea, y la madre de Jesús estaba allí. Jesús también fue invitado con sus discípulos. Y, como faltaba vino, la madre de Jesús le dijo: "No tienen vino". Jesús le respondió: "Mujer, ¿qué tenemos que ver nosotros? Mi hora no ha llegado todavía". Pero su madre dijo a los sirvientes: "Hagan todo lo que Él les diga".*

-Jn 2,1-5

Agradezco tu presencia
en medio de la fiesta que es mi vida de fe.

Sin Ti, no sería lo mismo.
Sin Ti, algo importante faltaría.
Sin Ti, no tendría fuerzas para seguir adelante.

Ayúdame, Señor, a descubrir en tu persona
la huella de Dios y a dejarme transformar
como el agua en vino.
Transfórmame con tu mano,
que es siempre poderosa;
con tu Palabra, que es siempre sabia;
con tus caminos, que son siempre seguros;
con tu mirada, que es siempre profunda;
con María, que desea siempre mi bien.

Amén.

## 13. Nadie es profeta en su tierra

*Y decían: "¿No es este el hijo de José?". Pero él les respondió: "Sin duda ustedes me citarán el refrán: 'Médico, sánate a ti mismo'. Realiza también aquí, en tu patria, todo lo que hemos oído que sucedió en Cafarnaúm". Después agregó: "Les aseguro que ningún profeta es bien recibido en su tierra.*

-Lc 4,22b-24

Señor Jesús,
es difícil ser profeta en medio de los míos.

Mis hijos hacen oídos sordos,
mi pareja siempre dice saber más.
Mis hermanos piensan
que no puedo tener razón.
Mis amigos toman a broma mis palabras.

No me arrojan, como intentaron contigo,
al precipicio de la colina.
Pero, sí al precipicio de la indiferencia,
de la mofa y de la impaciencia.

Ayúdame aun así
a continuar siendo tu profeta:

Profeta del gozo, gozando.
Profeta de la ternura,
envolviendo en ternura a los demás.
Profeta de la Palabra, anunciando.
Profeta de la alegría, alegrando.

Profeta del evangelio, evangelizando.
Profeta de tu Reino a tiempo y a destiempo.

Nunca quieto, siempre inquieto;
nunca callado, siempre anunciando;
nunca desesperando, siempre confiando.
Aunque a veces quieran
arrastrarme al precipicio. Amén.

# 14. Sal de la tierra y luz para el mundo

*Jesús dijo a sus discípulos: "Ustedes son la sal de la tierra. Pero si la sal pierde su sabor, ¿con qué se la volverá a salar? Ya no sirve para nada, sino para ser tirada y pisada por los hombres. Ustedes son la luz del mundo. No se puede ocultar una ciudad situada en la cima de la montaña.*

*-Mt 5,13-14*

Quiero ser sal y luz para los demás:

Sal, para poner sabor cristiano a la vida.

Luz, para guiar a mis hermanos por el camino que conduce a Ti.

Sal, para preservar la fe intacta.

Luz, para aconsejar al que ande en tinieblas.

Sal, para purificar la Iglesia

de nuestros pecados.

Luz, para dar esperanza al que avanza por un Túnel que parece interminable.

Sal, que sale. Luz, que brille.

Amén.

# 15. Toma mi mano, Señor

*La suegra de Simón estaba en cama con fiebre, y se lo dijeron de inmediato. Él se acercó, la tomó de la mano y la hizo levantar.*

*-Mc 1,30-31*

Toma mi mano, Señor.
Necesito sentir tu presencia,
necesito sentir tu calor,
necesito sentir tu cariño,
necesito sentir tu protección.

Toma mi mano, Señor.
Necesito que me levantes,
necesito sentir tu sanación,
necesito sentirme unido a ti.

Toma mi mano, Señor,
y llévame contigo
a la presencia del Padre.

Amén.

## 16. ¿Dónde arrojar mis redes?

*Se sentó y empezó a enseñar desde la barca a la muchedumbre. Cuando acabó de hablar, dijo a Simón: "Boga mar adentro, y echad vuestras redes para pescar." Simón le respondió: "Maestro, hemos estado bregando toda la noche y no hemos pescado nada; pero, basta que Tú lo dices, echaré las redes." Así lo hicieron, y pescaron tan gran cantidad de peces que las redes amenazaban con romperse. Entonces llamaron por señas a los compañeros de la otra barca para que vinieran en su ayuda. Vinieron, pues, y llenaron tanto las dos barcas que casi se hundían.*

-Lc 3b-7

Sube a mi barca, Señor.
Ayúdame a salir de mi zona de seguridad,
a alejarme de la orilla
donde me siento protegido,
a lanzarme mar adentro
donde todo me resulta absurdo.

Muéstrame dónde arrojar mis redes
para tener una pesca abundante:

Una pesca de almas sedientas de ti,
una pesca de corazones
que quieran amar como Tú,
una pesca de vasijas rotas
que necesiten ser resanadas,

una pesca de cuerpos enfermos
que a gritos pidan ser curados.

Muéstrame dónde arrojar mis redes
y ayúdame a hacer señas a las barcas cercanas
para que se unan a nuestra empresa
y nos asistan a sacar las pesadas redes,
que es mucho el trabajo por hacer.

No soy digno de llevarte yo en mi barca.
Mis pecados, ante tu grandeza,
me reclaman por ser como soy en verdad.

Pero bueno eres conmigo
y no te cansas de bogar en mi barca,
Señor de las pescas milagrosas,
amigo de aguas profundas.

Ven siempre en mi barca, Señor.

Amén.

# 17. Guardaré tus leyes, Dios Altísimo

*No piensen que vine para abolir la Ley o los Profetas: Yo no he venido a abolir, sino a dar cumplimiento. Les aseguro que no quedarán ni una "i" ni una coma de la Ley sin cumplirse, antes que desaparezcan el cielo y la tierra. El que no cumpla el más pequeño de*

*estos mandamientos, y enseñe a los otros a hacer lo mismo, será considerado el menor en el Reino de los Cielos. En cambio, el que los cumpla y enseñe, será considerado grande en el Reino de los Cielos.*
-Mt 5,17-19

Guardaré tus leyes, Dios Altísimo,
sembrando amor y perdonando,
amando y ayudando a los demás.

Guardaré tus leyes, Dios Altísimo,
viviendo según el Evangelio
y construyendo un mundo mejor,
pregonando la justicia y trabajando por la paz.

Guardaré tus leyes, Dios Altísimo,
pregonando tu reino
y llevando una vida según tu voluntad,
llevándote en mi corazón
y no olvidando a los que me rodean.

Guardaré tus leyes, Dios Altísimo.

Amén.

# 18. Si quieres, puedes purificarme

*Se le acercó un leproso a Jesús para pedirle ayuda y, cayendo de rodillas, le dijo: "Si quieres, puedes purificarme". Jesús, conmovido, extendió la mano y lo*

*tocó, diciendo: "Lo quiero, queda purificado". En seguida la lepra desapareció y quedó purificado.*
*-Mc 1,40-42*

Soy un leproso, Señor,
cuando vivo en la mentira,
cuando me creo el mejor,
cuando no comparto lo que tengo.

Soy un leproso, Señor,
cuando me olvido de Ti y no rezo,
cuando me aparto de Ti y no creo,
cuando pienso solo en lo que veo

Soy un leproso, Señor,
cuando confundo lo limpio con lo sucio,
cuando confundo el pecado con la virtud,
cuando confundo el bien con el mal

Soy un leproso, Señor,
cuando digo que "nunca miento",
cuando digo que "nunca peco",
cuando digo que "Dios me quiere así".

Pero, también soy un leproso, Señor,
cada vez que mi familia me ignora,
cada vez que mis amigos se esconden,
cada vez que nadie me quiere escuchar.

Soy un leproso, Señor,
cada vez que los demás me marginan,
cada vez que los demás me difaman,
cada vez que los demás me persiguen.

Por eso, este día,
caigo de rodillas, Señor, y te digo
"Si quieres, puedes purificarme".

Límpiame de esta lepra, Señor.
Límpiame de mis errores,
sáname del dolor de ser marginado.

Si quieres, puedes purificarme, Señor.

Amén.

## 19. Haz de mi vida una bienaventuranza

*Al ver Jesús el gentío, subió al monte, se sentó y se acercaron sus discípulos; y, abriendo su boca, les enseñaba diciendo: "Bienaventurados los pobres en el espíritu, porque de ellos es el reino de los cielos".*
*-Mt 5,1-3*

Seré bienaventurado, Jesús mío,
si soy desprendido y no cerrado;
si abro los ojos ante los sufrimientos ajenos;
si trabajo por la paz y no solo hablo de ella.

Seré bienaventurado, Jesús mío,
si soy sencillo y humilde;
si busco la felicidad no solo en lo que veo;
si anhelo la felicidad que viene del cielo.

Seré bienaventurado, Jesús mío,

si ante las lágrimas de los demás, soy solidario;
si ante la abundancia,
no me olvido del más pobre;
si ante las dificultades,
no dejo de confiar en Dios.

Amén.

## 20. Para ser bienaventurado

*Jesús bajó del monte con los Doce. Se paró en una llanura. Levantando los ojos a sus discípulos, les decía: "Bienaventurados los pobres, porque de ellos es el Reino de Dios".*

*-Lc 6,17.20*

Bienaventurado seré
cuando no me olvide de Dios.

Bienaventurado seré
si sonrío aunque esté llorando.

Bienaventurado seré
Si no presumo de ser rico.

Bienaventurado seré
si no temo decir la verdad.

Bienaventurado seré
si no valoro solo el mundo.

Bienaventurado seré
si miro al Cielo.

Bienaventurado seré
si no olvido al que sufre.

Bienaventurado seré
si soy fuerte en la fe.

Bienaventurado seré
si no me burlo de los débiles.

Bienaventurado seré
si me dejo tocar por Dios.

Bienaventurado seré
si creo en la resurrección.

Bienaventurado seré
si no pongo en el centro al mundo.

Bienaventurado seré
si avanzo con Jesús y por Jesús.

Amén.

## 21. Perdonar a mi enemigo

*Da al que te pide, y no le vuelvas la espalda al que quiere pedirte algo prestado. Ustedes han oído que se dijo: "Amarás a tu prójimo" y odiarás a tu enemigo. Pero yo les digo: Amen a sus enemigos, rueguen por sus perseguidores.*

*-Mt 5,42-44*

Dios mío,
yo perdono a esta persona
el mal que me ha hecho
y el que ha querido hacerme,
así como deseo que Tú me perdones,
y que él mismo me perdone
lo que yo haya podido hacer contra ella.

Si lo has colocado a mi paso como una prueba,
que se cumpla tu voluntad.

Desvía de mí, Dios mío,
la idea de maldecirle
y todo deseo malévolo contra él.

Haz que no experimente yo ninguna alegría
por las desgracias que pueda tener,
ni pena por los bienes
que puedan concedérsele,
con el fin de no manchar mi alma
con pensamientos indignos de un hijo tuyo.

Señor, que tu bondad se extienda sobre él
y le conduzca mejores sentimientos
respecto de mí.

Inspírame el olvido del mal
y el recuerdo del bien.

Que ni el odio, ni el rencor,
ni el deseo de volverle mal por mal,
se alberguen en mi corazón.

Porque el odio y la venganza
solo pertenecen a los espíritus malos
y desencarnados.

Por el contrario, que esté pronto
a tenderle fraternalmente la mano,
a volverle bien por mal
y a socorrerle si me es posible.

Amén.

# 22. Ayúdame, Señor, a ser como Tú quieres

*Hagan por los demás lo que quieren que los hombres hagan por ustedes. Amen a sus enemigos, hagan el bien y presten sin esperar nada en cambio. Entonces la recompensa de ustedes será grande y serán hijos del Altísimo, porque él es bueno con los desagradecidos y los malos. Sean misericordiosos, como el Padre de ustedes es misericordioso.*

*-Lc 6,31;35-36*

Ayúdame, Señor,
a ser como Tú quieres que yo sea,
porque es difícil ser cristiano.

   No es fácil amar a mi enemigo
cuando ni siquiera amo
a los que son buenos conmigo,

cuando soy el primero en lastimar
a quienes digo que más amo.

    Ayúdame, Señor,
a ser como Tú quieres que yo sea.
Me pides bendecir a quienes me maldicen,
pero, de mi boca salen maldiciones,
despropósitos y expletivos
dirigidos incluso
a quienes son amables conmigo.

    Ayúdame, Señor,
a ser como Tú quieres que yo sea.
Me pides no juzgar,
cuando soy el primero en hacerlo.
Juzgo, critico y condeno sin piedad.

    Ayúdame, Señor,
a ser como Tú quieres que yo sea.
¿Presentar la otra mejilla?
¿Compartir la Túnica
sin esperar nada a cambio?
¿No reclamar que me devuelvan
lo que me han quitado?
¡Qué difícil, Señor, es ser cristiano!

    Ayúdame, Señor,
a ser como Tú quieres que yo sea.
Me pides perdonar,
pero prefiero anclarme al rencor
como si me gustara no olvidar.

Ayúdame, Señor,
a ser como Tú quieres que yo sea.
Yo solo, no puedo.
Solo con tu ayuda, he de lograrlo.

Ayúdame a ser generoso y misericordioso,
para, con esa vara, ser medido
y recibir así las promesas que Tú has hecho.

Ayúdame, Señor,
a ser como Tú quieres que yo sea.

Amén.

# 23. La viga y la paja

*¿Por qué miras la paja que hay en el ojo de tu hermano y no ves la viga que está en el tuyo?*
                                              *-Lc 6,41*

Las pajas que veo en los ojos de los demás
no son sino un reflejo de aquello
que me disgusta de mí mismo.

Pequeñas pajas,
en contraste con mis grandes vigas.
Vigas que me ciegan,
vigas que me dañan.

Señor Jesús,
ayúdame a ver las vigas
que ciegan mis ojos:

la viga de la soberbia,
la viga de la ignorancia,
la viga del error.

Ayúdame a remover esas vigas,
abre mis ojos a la humildad,
abre mis ojos a tu luz,
abre nuestros ojos a la verdad.

Ayúdame a remover esas vigas
y podré reconocer mis pecados,
podré aceptar mis faltas,
podré arrepentirme de mis culpas.

Dejaré de ser entonces ciego
y no guiaré a los demás
por las sendas de la confusión,
sino por el camino verdadero
que conduce a Ti, Señor.

Amén.

## 24. Gracias, Señor, por tu bondad

*La multitud estaba sentada alrededor de Jesús, y le dijeron: "tu madre y tus hermanos te buscan ahí afuera". Él les respondió: "¿Quién es mi madre y quiénes son mis hermanos?". Y dirigiendo su mirada sobre los que estaban sentados alrededor de él, dijo: "estos son mi madre y mis hermanos. Porque el que*

*hace la voluntad de Dios, ése es mi hermano, mi hermana y mi madre".*
*-Mc 3,32-34*

Gracias, Señor,
por ser tan bueno.

Gracias, Señor,
por tu corazón grande.

Gracias, Señor,
por tu amor inmenso.

Gracias, Señor,
por lo mucho que me has dado.

Gracias, Señor,
por permitirme que te alabe.

Gracias, Señor,
por dejar que mis ojos te miren.

Gracias, Señor,
por tu misericordia.

Gracias, Señor,
por tu bondad.

Gracias, Señor,
por perdonarme.

Gracias, Señor,
por estar conmigo.

Amén.

## 25. Sembrando semillas

*El reino de Dios es como un hombre que echa la semilla en la tierra: sea que duerma o se levante, de noche y de día, la semilla germina y va creciendo sin que él sepa cómo.*

*-Mc 4,26-27*

Yo voy sembrando semillas,
ilusiones y esperanzas
en un mundo que llora perdido.

   Yo voy sembrando semillas,
alegría y fortaleza
ante los hombres que caen en la tristeza.

   Yo voy sembrando semillas,
amor al Cielo cuando dicen que Tú no existes.

   Yo voy sembrando semillas,
sencillez y pobreza
antes que una riqueza degradante.

   Yo voy sembrando semillas,
sostenido de tu mano protectora
cuando tantas manos ya no ayudan.

   Yo voy sembrando semillas,
cobijado en tu presencia salvadora
cuando me encuentro perdido.

Yo voy sembrando semillas,
optimismo y futuro
ante un presente fracasado.

Yo voy sembrando semillas. Amén.

# 26. Dame valentía, Señor

*Jesús dijo a sus apóstoles: "No teman a los hombres. No hay nada oculto que no deba ser revelado, y nada secreto que no deba ser conocido. Lo que yo les digo en la oscuridad, repítanlo en pleno día; y lo que escuchen al oído, proclámenlo desde lo alto de las casas".*
*-Mt 10,26-27*

Señor, dame valentía
para anunciar tu Evangelio
y que los demás te conozcan.

Dame valentía
para no dormirme en mis problemas
y acompañar los de los demás.

Señor, dame valentía
para que en el mundo no se confunda
la verdad con la mentira,
ni la luz con la oscuridad.

Dame valentía
para que tu Reino se extienda
y los hombres alcancen la salvación.

Señor, dame valentía
para que nadie se aproveche de los demás
y así el mundo sea más feliz.

Dame valentía
para que el dolor no me detenga
y el desánimo no me frene.

Señor, dame valentía
para vencerme a mí mismo
cuando mi propia voz trate de acallarme.

Dame valentía
para que cuando vaya a Ti
me encuentres dando la cara por Ti.

Señor, dame valentía. Amén.

## 27. Estoy cansado de esta cruz

*"El que no toma su cruz y me sigue no es digno de mí".*

*-Mt 10,38*

Estoy cansado de esta cruz, Señor.
Levántame cuando caigo
en los errores de siempre,
consuélame cuando me fallan
las personas que tengo a mi lado,
anímame cuando las cosas
no salen como yo quiero.

Estoy cansado de esta cruz, Señor.
Dame fuerzas,
porque, a veces, el vivir me debilita.
Dame vida,
porque la muerte me asusta.
Dame fe,
porque, a veces, tengo dudas.

Estoy cansado de esta cruz, Señor.
A veces es porque estoy lejos de Ti,
porque no te escucho como debiera,
porque te olvido y te dejo de lado,
porque teniéndote, prefiero otros apoyos
que me ofrecen en la tierra.

Estoy cansado de esta cruz, Señor.
Ayúdame a confiar en Ti,
ayúdame a esperar en Ti,
ayúdame a descansar en Ti,
ayúdame a esperar siempre en Ti.

Ayúdame a nunca soltar mi cruz,
por mucho que me canse de ella,
para ser siempre digno de Ti.

Amén.

## 28. Ayúdame, Señor

*Llegó uno de los jefes de la sinagoga, llamado Jairo, y, al verlo, se arrojó a sus pies, rogándole con insistencia: "Mi hijita se está muriendo; ven a imponerle las manos para que se sane y viva". Jesús fue con él.*
*-Mc 5,22-24a*

Ayúdame, Señor.
Si caigo, levántame;
si estoy triste, alégrame;
si no veo claro, indícame el camino.

    Ayúdame, Señor.
Déjame tocar tu manto
para sentir tu protección.
Impón tus manos en mí
para que recupere la salud.
Dame vida con tu Palabra
para que siga viviendo.

    Ayúdame, Señor.
Que mi fe sea grande,
que mi fe sea auténtica,
que mi fe sea caritativa,
que mi fe sea transparente,
que mi fe sea fuerte.

    Ayúdame, Señor.
    Amén.

# 29. Te pido ser tierra buena

*Jesús les decía: "El sembrador salió a sembrar. Al esparcir las semillas, algunas cayeron al borde del camino y los pájaros las comieron. Otras cayeron en terreno pedregoso, donde no había mucha tierra, y brotaron en seguida, porque la tierra era poco profunda; pero cuando salió el sol, se quemaron y, por falta de raíz, se secaron. Otras cayeron entre espinas, y estas, al crecer, las ahogaron. Otras cayeron en tierra buena y dieron fruto: unas cien, otras sesenta, otras treinta. ¡El que tenga oídos, que oiga!".*
-Mt 13,3-9

Señor, te pido ser tierra buena
donde tu mano siembre,
y trabajo donde yo me afane.
Ser camino por donde Tú te acerques
y sendero por el que otros,
al avanzar por ellos,
puedan llegar a conocerte y amarte.

   Señor, te pido que las piedras
que entorpecen tu gran obra,
las deje a un lado,
con la ayuda de tu Palabra.
Que la superficialidad en la que navego
dé lugar a la profundidad de tu Misterio.

Señor, te pido
que nunca se seque en mí
lo que, en mi bautismo, Tú iniciaste.
Que las zarzas del materialismo
no ahoguen la vida del Espíritu
que en mi alma ha puesto su morada.

Que el sol abrasador,
de la comodidad o del materialismo,
nunca sean más grandes que mi deseo
de amarte, seguirte y ofrecer mi vida por Ti.

Señor, te pido dar el diez
o el veinte o el treinta por ciento
por Ti y por tu Reino,
recordando que eres Tú
el dueño de mi hacienda,
el responsable de mis campos
y la mano certera de mis siembra.

Señor, te pido que lo que me des,
yo esté dispuesto a entregarlo
a todos aquellos
que todavía no te conocen.

Señor, te pido que, siendo tierra buena
con tantas posibilidades,
metas Tú, la mano del Buen Sembrador,
y recojas lo que más necesites
para el mundo y para mis hermanos

Amén.

## 30. Llámame y envíame

*Jesús llamó a los Doce, y los envió de dos en dos. Entonces fueron a predicar, exhortando a la conversión; expulsaron a muchos demonios y sanaron a numerosos enfermos ungiéndolos con óleo.*
*-Mc 6,7a.12-13*

Aquí estoy, Señor,
llámame y envíame.
En este momento escucho tu llamada
y vengo como tu siervo
a rendirme ante tus pies.

   Aquí estoy, Señor,
llámame y envíame.
Muéstrame el camino que debo recorrer.
Anímame a ponerme en marcha
y si acaso me extravío,
muéstrame la luz de tu rostro.

   Aquí estoy, Señor,
llámame y envíame.
Envíame a hacer aquello
que tu Padre creó en mí.
Convierte mi debilidad en fortaleza
para poder ser a tu imagen y semejanza.

   Aquí estoy, Señor,
llámame y envíame.
Espíritu Divino, llena mi ser,

dame sabiduría
dame fortaleza,
concédeme ser espejo de tu infinito amor.

    Aquí estoy, Señor,
llámame y envíame.
Envíame a llevar tu mensaje al mundo,
envíame a sanar los corazones afligidos,
envíame a buscar las almas que se han perdido.

    Aquí estoy, Señor,
llámame y envíame.
Llámame, que hay mucho que decir.
Envíame, que hay mucho por hacer.

    Aquí estoy, Señor,
llámame y envíame.

    Amén.

# 31. El trigo y la cizaña

*El Reino de los cielos se parece a un hombre que sembró buena semilla en su campo; pero, mientras todos dormían, vino su enemigo, sembró cizaña en medio del trigo y se fue. Cuando creció el trigo y aparecieron las espigas, también apareció la cizaña. Los peones le dijeron: "Señor, ¿no habías sembrado buena semilla en tu campo? ¿Cómo es que ahora hay*

*cizaña en él?". Él les respondió: "Esto lo ha hecho algún enemigo. Dejen que crezcan juntos hasta la cosecha, y entonces diré a los cosechadores: Arranquen primero la cizaña y átenla en manojos para quemarla, y luego recojan el trigo en mi granero".*
-*Mc 13,24-28a.30*

¡Oh Jesús!
Establece en mi interior,
con el poder de tu Santo Espíritu,
el Reinado de Dios Padre,
que es también el tuyo propio.

Siembra en mi alma
la semilla de ese Reino
y haz que produzca
un gran tanto por ciento.

Escóndelo en mi corazón
como un pequeño grano de mostaza
o un poco de levadura
que ensanche en mí tu Reino.

Que encuentre, Jesús,
el tesoro de tu Reino.
Dame esa perla preciosa
que solo se adquiere
si de todo me desprendo.

Permite que la espiga de mi vida
crezca con esplendor
a pesar de la cizaña que me rodea.

No permitas que esta me ahogue.
Antes bien, concédeme
que al venir tus ángeles
en el tiempo de cosecha,
me recojan en tu Reino.

Amén.

## 32. Te busco y no te encuentro

*El Reino de los Cielos se parece a un tesoro escondido en un campo; un hombre lo encuentra, lo vuelve a esconder y, lleno de alegría, vende todo lo que posee y compra el campo.*

*-Mt 13,44*

Señor Jesús,
me dicen que, hace un tiempo,
te sembraron en mi corazón…
Y no te encuentro

Me dicen que en el Cielo estás…
Y cuando levanto la vista no te veo.

Me dice que, en los destrozos del mundo,
es donde especialmente estás presente…
Y no llego a percibir tu presencia.

¿Dónde estás, Señor?
¿Qué tengo que vender
para poder comprarte?

¿Qué tengo que dejar
para poder conseguirte?
¿Cuál de mis tesoros debo regalar
para que, Tú, seas la definitiva
riqueza de mi vida?

   Mis ojos no te ven
porque están distraídos,
porque prefieren verse seducidos
por el gran capital que el mundo ofrece.
Mis manos disfrutan mucho más
cuando acarician los tesoros
de lo que cuenta y vale en nuestra sociedad:
el prestigio y el dinero,
el buen nombre y la buena vida
obtenidos sin el mínimo esfuerzo

   Yo sé dónde se encuentra tu tesoro:
En el silencio
que tanto hiere porque tanto me dice,
en la humildad donde la pequeñez
tanto me asusta,
en la sinceridad que me convierte
en blanco de tantos dardos.

   Ayúdame, Jesús, a no perder el campo
donde entierras tu tesoro:
La fe que es clave
para poder amarte y descubrirte,
el amor que es bono seguro
que cotiza en el Cielo,

mi esfuerzo por ser perfecto
para no convertirme
en alguien vulgar y solitario.

Soy yo, quien hoy más que nunca,
necesita buscarte por mí mismo
y ponerte en el lugar que te corresponde:
en el centro de mi corazón y de mi mente,
en el centro de mis sentimientos,
en el centro de mis pensamientos,
en el centro de mis intenciones,
en el centro de mis palabras y mis acciones.

Amén.

# 33. Cinco panes y dos peces

*Andrés le dijo a Jesús: "Aquí hay un niño que tiene cinco panes de cebada y dos pescados, pero ¿qué es esto para tanta gente?". Jesús le respondió: "Háganlos sentar". Todos se sentaron y eran unos cinco mil hombres. Jesús tomó los panes, dio gracias y los distribuyó a los que estaban sentados. Lo mismo hizo con los pescados, dándoles todo lo que quisieron.*

*-Jn 6,8-11*

Quiero ser, Señor,
cinco panes para que otros coman,
cinco panes para que los demás vivan,
cinco panes que se partan por los demás

Quiero ser, Señor,
dos peces que alimenten en la escasez,
dos peces en la mesa del necesitado,
dos peces en la boca del hambriento

Quiero ser, Señor,
cinco panes que lleven alegría a las casas,
cinco panes que tengan aroma a perdón,
cinco panes con sabor de fraternidad.

Quiero ser, Señor,
dos peces que naden contra corriente,
dos peces que naden hacia los pobres,
dos peces que vivan para los demás.

Quiero ser, Señor,
cinco panes y dos peces,
que en tus manos se multipliquen
y abundantes se repartan.

Amén.

## 34. Eres el pan que me salva

*Jesús dijo: "Les aseguro que no es Moisés el que les dio el pan del cielo; mi Padre les da el verdadero pan del cielo; porque el pan de Dios es el que desciende del cielo y da vida al mundo".*

*-Jn 6,32-33*

Eres el pan que me salva, Jesús.
Si te necesito,
apareces cuando menos me lo espero.
Si te invoco,
me sales al encuentro.
Si tengo hambre,
partes tu pan y me sacias.

Eres el pan que me salva, Jesús.
Ayúdame a descubrir a Dios,
en cada acontecimiento,
en los detalles de cada día,
en el pobre y en el necesitado,
en el triste o en el angustiado

Eres el pan que me salva, Jesús.
Si me siento débil,
compartes tu pan conmigo.
Si me siento derrotado,
me animas con el Pan de tu Palabra.
Si me siento confundido,
eres luz que me ilumina. Amén.

# 35. Eres, Jesús, el Pan del Cielo

*"Yo soy el pan de vida. Sus padres, en el desierto, comieron el maná y murieron. Pero este es el pan que desciende del cielo, para que aquel que lo coma no muera. El que coma de este pan vivirá eternamente,*

*y el pan que yo daré es mi carne para la vida del mundo".*

*-Jn 6,48-51*

Eres, Jesús, el Pan del Cielo
que sacia mi hambre y mitiga mi sed,
que me fortalece en mi debilidad,
que me levanta cuando tropiezo.

Eres, Jesús, el Pan del Cielo
que me hace fuerte y valiente,
que me hace testigo de tu Reino.

Eres, Jesús, el Pan del Cielo
que se hace amor por salvarme,
que baja del cielo
para beneficio de la tierra,
que me da la vida eterna.

Eres, Jesús, el Pan del Cielo

Amén.

# 36. En verdad, ¿quién dices que soy Yo?

*Jesús preguntó a sus discípulos: "¿Qué dice la gente sobre el Hijo del hombre? ¿Quién dicen que es?". Ellos le respondieron: "Unos dicen que es Juan el Bautista; otros, Elías; y otros, Jeremías o alguno de los profetas". "Y ustedes —les preguntó–, ¿quién dicen que soy?".*

*-16,13b-15*

Te confieso, Señor, que no entiendo.
Digo amarte cuando,
media hora en tu presencia,
me parece excesivo o demasiado.
Presumo de conocerte
y, ¡cuántas veces!
no sé cómo explicar mi fe a los demás.
Te sigo y escucho
y sigo, una y otra vez,
senderos distantes de Ti.

Te confieso, Señor, que no entiendo.
Tu nombre me resulta complicado,
pronunciarlo y defenderlo
en ciertos ambientes.
Pongo tu señorío,
con frecuencia debajo de otros señores
ante los cuales doblo mi rodilla.

Te confieso, Señor,
que no entiendo.
Digo que creo en Ti
pero, mi voz no es para tus cosas
suficientemente fuerte
como lo es para las del mundo.

Te confieso, Señor,
que no entiendo.
Mis pies caminan más deprisa
por otros derroteros
que el placer, el frenesí,
los encantos o el dinero
me señalan.

Te confieso, Señor,
que no entiendo.
Pero, a pesar de todo,
sigo pensando, creyendo y confesando
que eres el Hijo de Dios.

Haz, Señor,
por donde yo camine,
demuestre con valor que soy tu amigo.
Que donde yo hable
se escuche mi fe con contundencia.
Que donde yo trabaje,
con mis manos o con mi mente,
construya un lugar más habitable
en el que Tú puedas formar parte.

Amén.

# 37. Señor, ¿a quién iré?

*Muchos de sus discípulos se alejaron de él y dejaron de acompañarlo. Jesús preguntó entonces a los Doce: "¿También ustedes quieren irse?". Simón Pedro le*

*respondió: "Señor, ¿a quién iremos? Tú tienes palabras de vida eterna. Nosotros hemos creído y sabemos que eres el Santo de Dios".*
*-Jn 6,66-69*

Señor, ¿a quién iré?
Tú vienes cuando me siento solo,
Tú escuchas cuando te necesito,
Tú me alientas cuando tengo dudas.

Señor, ¿a quién iré?
Tú eres mi amigo que nunca falla,
llegas siempre en el momento oportuno.
Sin que yo te llame, apareces
sin darme tiempo para abrirte la puerta.

Señor, ¿a quién iré?
Me alimentas con el Pan del Cielo,
me das vida con tu vino consagrado,
me impulsas con el soplo del Espíritu,
me abrazas con el amor del Padre.

Señor, ¿a quién iré?
Tú tienes palabras de vida eterna.
Y yo siempre he creído
que eres el Santo de Dios.

Amén.

## 38. Dame tu cruz, Señor

*Jesús comenzó a anunciar a sus discípulos que debía ir a Jerusalén, y sufrir mucho de parte de los ancianos, de los sumos sacerdotes y de los escribas; que debía ser condenado a muerte y resucitar al tercer día. Dijo a sus discípulos: "El que quiera seguirme, que renuncie a sí mismo, que cargue con su cruz y me siga. Porque el que quiera salvar su vida, la perderá; y el que pierda su vida a causa de mí, la encontrará".*
*-Mt 16,21.24-25*

¡Dame tu cruz, Señor!
Vale la pena arriesgarme por Ti.
Vale la pena sembrar en tu campo.
Vale le pena sufrir contratiempos.
Vale la pena adentrarme en tus caminos
sabiendo que Tú los recorriste primero.

¡Tomaré tu cruz, Señor!
Enséñame dónde y cómo.
Indícame hacia dónde.
Háblame cuando, por su peso,
caiga de bruces en el duro asfalto.

Quiero tomar tu cruz, Señor,
porque hace tiempo que aprendí
que ideales como los tuyos
se pagan por un alto precio.

Quiero tomar tu cruz, Señor,
porque es preferible
en el horizonte de los montes ver tu cruz
que el vacío del hombre errante
que marcha por la vida
sin rumbo en el camino.

Amén.

## 39. Que no adultere yo la Ley de Dios

*Y los fariseos y los escribas le preguntaron a Jesús: "¿Por qué no caminan tus discípulos según las tradiciones de los mayores y comen el pan con las manos impuras?" Él les contestó: "Bien profetizó Isaías de vosotros, hipócritas, como está escrito: 'Este pueblo me honra con los labios, pero su corazón está lejos de mí. El culto que me dan está vacío, porque la doctrina que enseñan son preceptos humanos'. (Is 29,13) Dejáis a un lado el mandamiento de Dios para aferraros a la tradición de los hombres".*

*-Mc 7,5-8*

Señor, la Ley procede de tu voluntad.
Concédeme cumplirla
por amor a ti y a mis hermanos.

No permitas que cometa el sacrilegio
de adulterar tus mandamientos
para consentir mis caprichos personales.

Sana mi corazón de toda maldad.
Dame un corazón limpio
y aparta mis pensamientos perversos.
Dame castidad
y no me dejes caer en la impureza.
Dame laboriosidad
para trabajar y nunca robar.
No permitas que mate a mis hermanos
ni en su cuerpo ni en su mente
ni en sus sentimientos ni en su corazón,
ni tampoco en sus sueños.

Concédeme reconocer tus bendiciones
para nunca sentir codicia de los demás.
Ayúdame a siempre desear el bien a todos
y aleja de mí toda malicia.
Mantenme firmes en la honestidad
para nunca cometer fraude alguno.
Dame mesura
para siempre evitar el desenfreno.

Aleja de mí toda tentación
de sentir envidia de los demás.
Nunca permitas que caiga en la bajeza
de difamar a mis hermanos.
Permíteme imitar tu humildad
y desterrar de mi corazón

todo sentimiento de orgullo.

Aliéntame a poner mi corazón
en lo importante
para nunca caer en la frivolidad.

Amén.

# 40. Cámbiame, ilumíname, sáname

*"Les aseguro que si dos de ustedes se unen en la tierra, para pedir algo, mi Padre que está en el cielo se lo concederá. Porque, donde hay dos o tres reunidos en mi nombre, yo estoy presente en medio de ellos".*

*-Mt 18,19-20*

Cámbiame, Señor
porque solo Tú eres santo y bueno.
Ilumíname,
porque eres Tú la auténtica luz.
Abrázame,
porque eres Tú el verdadero amor.
Perdóname,
porque eres Tú el perdón.

Oriéntame, Señor
porque Tú buscas mi bien.
Condúceme,
porque no quieres que me pierda.

Espérame,
porque sé que Tú eres paciente.
Háblame,
porque es dulce tu Palabra.

Aliméntame, Señor
porque tu pan es agradable.
Búscame,
porque a veces estoy perdido.
Levántame,
porque son muchos mis tropiezos.
Sáname,
porque es demasiado mi dolor.

Amén.

# 41. Abre mis oídos, toca mi lengua

*Le presentaron a Jesús un sordo que, además, apenas podía hablar; y le piden que le imponga las manos. Él, apartándolo de la gente, a solas, le metió los dedos en los oídos y con la saliva le tocó la lengua. Y, mirando al cielo, suspiró y le dijo: "Effetá", (esto es: "ábrete"). Y al momento se le abrieron los oídos, se le soltó la traba de la lengua y hablaba correctamente.*

*-Mc 7,32-35*

Abre mis oídos, Señor,
para que te escuche y no me aleje de Ti.
Abre mis oídos
para que nadie me engañe con falsas palabras.
Abre mis oídos
para que te conozca cómo eres.

Abre mis oídos, Señor,
para que Tú me guíes y me acompañes.
Abre mis oídos,
y condúceme todos los días de mi vida.

Toca mi lengua, Señor,
y borra toda maledicencia.
Toca mi lengua
y pon en ella tu Palabra.
Toca mi lengua
y pon en ella tu Verdad.
Toca mi lengua
y mi boca proclamará tu alabanza.

Amén.

# 42. Ayúdame, Señor, a perdonar

*Se acercó Pedro y dijo a Jesús: "Señor, ¿cuántas veces tendré que perdonar a mi hermano las ofensas que me haga? ¿Hasta siete veces?". Jesús le respondió: "No te digo hasta siete veces, sino hasta setenta veces siete".*
*-Mt 18,21-22*

Tú sabes, Señor,
que aquella persona me ha ofendido.
Sabes cuánto me ha lastimado
y cuánto daño me ha causado.

El rencor se ha apoderado de mi alma
y el resentimiento aflora a menudo
en mi corazón.

Además del daño recibido
he perdido la paz en mi interior
porque quiero ser tu fiel discípulo
y Tú me pides perdonar
no una ni dos ni tres
ni siquiera siete veces
sino setenta veces siete.

Es difícil perdonar.
Quizás me falte valor,
quizás me falte humildad,
quizás es solo que el daño
ha sido mucho.

Por eso, vengo a Ti este día
a pedirte que me enseñes a perdonar,
que me enseñes a no guardar rencor,
que me ayudes a desterrar el resentimiento.

Yo sé que al hermano que me ha herido
Tú mismo ya lo has perdonado.
Necesito perdonarlo yo también
pare recuperar la paz que he perdido.

Ayúdame, Señor.
Envía sobre mí tu Santo Espíritu.
Que Él, que es el amor divino
infunda en mi corazón
la comprensión,
la paciencia,
la humildad
y la serenidad
para poder perdonar de corazón.
Amén.

## 43. Tú eres el Cristo y el Hijo de Dios Padre

*Jesús preguntó a sus discípulos: "¿Quién dice la gente que soy yo?" Ellos le contestaron: "Unos, Juan Bautista; otros, Elías; y otros, uno de los profetas". Él les preguntó: "Y vosotros, ¿quién decís que soy?" Pedro le contestó: "Tú eres el Cristo."*

*-Mc 8,27b-29*

Señor Jesús,
Tú eres el Hijo de Dios
y yo tu hermano,
caminando por tus senderos,
escuchando tus Palabras
viviendo en el Espíritu Santo.

Tú eres el Cristo
que me salva cuando me extravío,
que me levanta cuando caigo,
que me fortalece cuando me debilito.

Tú eres el Hijo de Dios,
el que envía el Padre para que le vea,
el que envía el Padre para que le ame
el que envía el Padre para que le adore,
el que envía el Padre para que le siga.

Tú eres el Cristo y el Hijo de Dios Padre.

Amén.

# 44. Mi Señor y mi camino

*Tomás le dijo: "Señor, no sabemos a dónde vas, ¿cómo podemos saber el camino?". Jesús le respondió: "Yo soy el camino, la verdad y la vida. Nadie va al Padre si no es por mí". Si ustedes me conocen a mí, conocen también a mi Padre. Ya desde ahora lo conocen y lo han visto".*

*-Jn 14,5-7*

¿Qué quieres de mí Señor?
¿Dónde quieres que te sirva?
¿Dónde puedo cantar tus alabanzas?
Quiero ser el canto de tu voz.

Jesús, Tú eres mi Señor.
Jesús, Tú eres mi camino.

Te escucho llamar mi nombre
y algo vibra en mi interior.

Pon tu canto en mi voz
porque Tú eres mi Señor,
porque Tú eres mi camino.

Por encima, por debajo y a mi derredor,
delante, detrás y a través de mí,
tu Espíritu arde dentro de mí.

Enciende mi vida con tu amor
porque Tú eres mi Señor,
porque Tú eres mi camino.

Yo soy tu canto y tu siervo
y canto tus alabanzas como María:
Rendido ante tu Espíritu yo exclamo,
"Que se haga en mí tu voluntad".

Sí, que se haga en mí tu voluntad
porque Tú eres mi Señor,
porque Tú eres mi camino.

Amén.

# 45. Quiero ser fruto de tu viña

*Jesús dijo a los sumos sacerdotes y a los ancianos del pueblo: "Escuchen esta parábola: Un hombre poseía una tierra y allí plantó una viña. Después la arrendó a unos viñadores y se fue al extranjero. Cuando llegó el tiempo de la vendimia, envió a sus servidores para percibir los frutos. Pero los viñadores se apoderaron de ellos, y a uno lo golpearon, a otro lo mataron y al tercero lo apedrearon. Les envió a su propio hijo, pensando: 'Respetarán a mi hijo'. Pero, al verlo, los viñadores se dijeron: 'Este es el heredero; vamos a matarlo para quedarnos con su herencia'. Y apoderándose de él, lo arrojaron fuera de la viña y lo mataron. Por eso, les digo que el Reino de Dios les será quitado a ustedes, para ser entregado a un pueblo que le hará producir sus frutos".*

-Mt 21,33-35;37-39.43

Quiero ser fruto de tu viña, Señor,
brindar alegría en la tristeza,
infundir calma en la amargura,
alentar con optimismo en la desesperanza.

Quiero ser fruto de tu viña, Señor,
encender la luz en la oscuridad,
enjugar las lágrimas en el desconsuelo,
llenar con tu Nombre el corazón vacío,

Quiero ser fruto de tu viña, Señor,
un fruto regado por tu Palabra,
cultivado por tus manos,
podado por tus consejos,
y alumbrado por el Sol que nace de lo alto.

Amén.

# 46. Soy tu discípulo, Señor

*El que os dé a beber un vaso de agua porque sois de Cristo, en verdad os digo que no se quedará sin recompensa.*

*-Mc 9,41*

Soy de los tuyos, Señor,
si no desprecio a los demás,
si trabajo por la verdad y por la paz,
si me dejo llevar por tu Espíritu.

Soy de los tuyos, Señor,
cuando respondo a tu llamada,
cuando dejo que los demás
también sigan tus huellas,
cuando, lejos de quererte solo para mí,
abro las puertas de tu Evangelio
a cuantos me rodean.

Soy de los tuyos, Señor,
si sigo tu criterio y no el mío,
si te miro a Ti y no a los demás,
si pienso como Tú
y no como yo pretendo.

Amén.

# 47. No separar
# lo que Dios ha unido

*Al principio de la creación Dios los creó hombre y mujer. Por eso dejará el hombre a su padre y a su madre, se unirá a su mujer y serán los dos una sola carne. De modo que ya no son dos, sino una sola carne. Pues lo que Dios ha unido, que no lo separe el hombre.*

*-Mc 10,6-9*

Señor Jesús,
Para que lo que Dios ha unido
el hombre no pueda separarlo:

Ayúdame
a dar amor y perdonar,
a buscar en Ti mi fuerza,
a encontrar en Ti mi felicidad.

Ayúdame, Señor,
a no romper, sino a construir,
a no derribar, sino a levantar,
a no hablar, sino a callar,
a no dudar, sino a confiar,
a no darme por vencido,
 sino a seguir caminando.

Ayúdame
a darte amor, con mi pobre amor;
a darte gloria, con mi débil alabanza;
a buscarte, aunque esté perdido;
a volver a Ti, aunque sea egoísta.

Ayúdame, Señor,

Amén.

# 48. Mi verdadera riqueza

*Jesús dijo a sus discípulos: "¡Qué difícil les será entrar en el reino de Dios a los que tienen riquezas! Más fácil le es a un camello pasar por el ojo de una aguja, que a un rico entrar en el reino de Dios".*
*-Mc 10,24b-25*

Tú eres mi riqueza, Jesús.
Nada del mundo vale lo que vales Tú.
El dinero me puede dar bienestar,
pero Tú me puedes dar vida eterna.
El dinero ayuda a la felicidad,
pero Tú eres la felicidad plena.

Tú eres mi riqueza verdadera.
La riqueza material es apariencia,
pero Tú, Señor, eres profundidad.
La riqueza distancia a los hombres,
pero Tú, Señor, los unes en tu amor.

Porque Tú eres mi riqueza,
que nunca te pierda,
que nunca me separe de Ti,
que nunca te venda por nada,
que siempre vivas en mí,
para que un día me lleves al Cielo.

Amén.

## 49. A Dios, lo que es de Dios

*Den al César lo que es del César, y a Dios, lo que es de Dios.*
*-Mt 22,21b*

Siempre Tú primero, Jesús.
Antes que la apariencia, Tú, Señor.
Antes que la mentira, tu verdad, Señor.
Antes que la oscuridad, tu luz, Señor.
Antes que otros dioses, Tú, mi Dios.
Antes que otras voces, el Espíritu, Señor.

Siempre Tú primero, Jesús.
Antes que el poder, servir, Señor.
Antes que ser servido, amar, Señor.
Antes que la grandeza, la sencillez, Señor.

Siempre Tú primero, Jesús.
Pero que no me olvide de hablar de Ti,
de dar testimonio de Ti,
de defenderte frente a otros "césares",

de amarte antes que otros amores,
de ofrecerte lo que tengo y lo que soy.

Siempre Tú primero, Jesús.

Amén.

# 50. Hijo de David, ¡ten piedad de mí!

*Bartimeo, un mendigo ciego, estaba sentado junto al camino. Al enterarse de que pasaba Jesús, el nazareno, se puso a gritar: "¡Jesús, Hijo de David, ten piedad de mí!"*

*Mc 10,46-47*

¡Jesús de Nazaret, Hijo de David,
ten piedad de mí!
Aquí estoy yo, pobre y ciego,
sentado a la vera del camino.

Nada puedo hacer:
Mi ceguera me lo impide.
Pasa delante de mí
y detente ante mi miseria.
Compadécete de mí. Quiero ver.
Da la luz a mis ojos.

Ten piedad de mí y tócame.
Ten piedad de mí y déjame ver.

Déjame ver la verdad,
déjame ver la luz,
déjame ver tu rostro.

Y déjame seguirte Señor por el camino
con fe renovada y confianza en ti.

Amén.

## 51. Da coherencia a mis palabras

*Jesús dijo a la multitud y a sus discípulos: "Los escribas y fariseos ocupan la cátedra de Moisés; ustedes hagan y cumplan todo lo que ellos les digan, pero no se guíen por sus obras, porque no hacen lo que dicen. Atan cargas pesadas y difíciles de llevar, y las ponen sobre los hombros de los demás, mientras que ellos no quieren moverlas ni siquiera con el dedo. Todo lo hacen para que los vean".*

*-Mt 23,1-5a*

Jesús bueno,
da coherencia a mis palabras.

Si digo "amor",
que ofrezca el perdón a los demás.

Si digo "justicia",
que no busque solo mi propio bien.

Si digo "verdad",
que me aleje de la mentira.

Si digo "Dios",
que no adore a nadie más que a Él.

Si digo "Jesús",
que le siga haciendo lo que Él hizo.

Si digo "Espíritu",
que sienta su presencia.

Si digo "hermano",
que trate bien a los demás.

Si digo "creo en Ti",
que no dude del Señor.

Si digo "espero en Ti",
que me acuerde del Señor.

Si digo "somos hermanos",
que no busque la venganza.

Gracias, Jesús,
por todo lo que me dices.

Gracias, Jesús,
por todo lo que haces por mí.

Gracias, Jesús,
porque me invitas a hacer
lo que Tú dijiste
e hiciste por mí.

Amén.

## 52. La lámpara de mi fe

*Jesús dijo a sus discípulos esta parábola: "El Reino de los cielos será semejante a diez vírgenes que fueron con sus lámparas al encuentro del esposo. Cinco de ellas eran necias, y cinco, prudentes. Las necias tomaron sus lámparas, pero sin proveerse de aceite, mientras que las prudentes tomaron sus lámparas y también llenaron de aceite sus frascos.*

*-Mt 25,1-4*

Te esperaré, Señor,
con la alegría de mi corazón, para recibirte;
con la lámpara de mi fe, para seguirte;
con la esperanza de mi alma, para abrazarte;
con la ilusión de mi vida, para vivir en Ti.

Te esperaré, Señor,
con los ojos en el cielo, para ir a Ti;
con los pies en la tierra, para hacer el bien;
con mis manos juntas, para rezarte a Ti;
con mi pensamiento en tu Palabra,
para no perderme.

¡Gracias, Señor!

Ayúdame a mantener encendida
la lámpara de mi fe.

Amén.

## 53. Nada sin Ti, Señor

*"En aquellos días, el sol se oscurecerá, la luna dejará de brillar, las estrellas caerán del cielo y los astros se conmoverán. Y se verá al Hijo del hombre venir sobre las nubes, lleno de poder y de gloria. Y él enviará a los ángeles para que congreguen a sus elegidos, desde los cuatro puntos cardinales, de un extremo a otro del horizonte".*

*-Mc 13,24-27*

Nada sin Ti, Señor,
porque el final, sin Ti,
no será tan feliz.
El mañana, sin Ti,
no será como el mundo me ofrece.

Nada sin Ti, Señor.
La guerra, sin Ti, no se apagará.
El odio, sin Ti, no desaparecerá.
La esperanza, sin Ti, no será posible,

Nada sin Ti, Señor.
La eternidad, sin Ti, no alcanzaré.
El Cielo, sin Ti, no me abrirá sus puertas.

Nada sin Ti, Señor.
Ayúdame a pensar en Ti,
a creer en Ti, a esperar en Ti,
a soñar en Ti. Amén.

## 54. Gracias, Rey del Universo

*Pilato dijo a Jesús: "¿Eres tú el rey de los judíos?". Jesús le contestó: "¿Dices eso por tu cuenta o te lo han dicho otros de mí?". Pilato replicó: "¿Acaso soy yo judío? Tu gente y los sumos sacerdotes te han entregado a mí; ¿qué has hecho?". Jesús le contestó: "Mi reino no es de este mundo. Si mi reino fuera de este mundo, mi guardia habría luchado para que no cayera en manos de los judíos. Pero mi reino no es de aquí". Pilato le dijo: "Entonces, ¿tú eres rey?". Jesús le contestó: "Tú lo dices: soy rey. Yo para esto he nacido y para esto he venido al mundo".*

*-Jn 18,33-37c*

Gracias, Señor, por ser nuestro Rey,
porque tu reino es la justicia,
porque tu reino es el servicio,
porque tus armas son el amor y el perdón,
porque tu armadura es la misericordia.

Gracias, Señor, por ser nuestro Rey,
porque tu castillo
es nuestro corazón,
porque tu corona
no es de oro,
sino de espinas;
porque tus vestidos
no son de seda,

sino teñidos con tu sangre redentora;
porque tus pies
van calzados
con las sandalias del *goel* liberador[1].

Gracias, Señor, por ser nuestro Rey,
porque tu trono es una cruz,
porque nos esperas al final de los tiempos,
porque eres Tú el centro de nuestra vida

Gracias, Señor, por ser
el Rey del Universo.

Amén.

---

[1] N. del A. En las diferentes aldeas habitadas por el Pueblo de Dios, el varón más fuerte era nombrado *goel* o defensor. Cuando este sentía que ya no podía ejercer su cargo, lo transfería a aquel que fuera ahora considerado el más fuerte y valiente, mediante un rito en el que le entregaba una de sus propias sandalias. Jesús, siendo el Mesías, es el *Goel* definitivo. Es la razón por la cual Juan el Bautista decía que él no era digno siquiera de desatar la correa de la sandalia de Aquel que vendría después de él.

# ORACIONES PARA EL TIEMPO DE CUARESMA

La cuaresma es uno de los tiempos fuertes del año litúrgico. La ceniza que nos recuerda que al polvo volveremos, el paso por el desierto y la confesión, nos preparan para ser testigos del misterio de la pasión, muerte y resurrección de Nuestro Señor en Jerusalén en la Semana Santa.

A diferencia del Adviento, en que nos esforzamos por ser como nos gustaría ser en verdad, a lo largo de la Cuaresma debemos enfocarnos en lo contrario: aquello que más nos disgusta de nosotros. De lo contrario ¿cómo pretender buscar una conversión? A menos que pongamos atención cuidadosa a nuestra falla dominante, a nuestro vicio más esclavizante, a los sentimientos oscuros que albergamos con mayor facilidad, a los pensamientos negativos que entretenemos con tanta ligereza, al pecado que cometemos con mayor frecuencia, no podremos convertirnos. Y el tiempo de Cuaresma, es un tiempo de conversión.

Para facilitar la conversión, los católicos solemos tener tres prácticas cuaresmales: la generosidad en nuestra limosna, la negación de nosotros mismos a través del ayuno y la intensificación de nuestra oración. Para esto último resultan de ayuda las oraciones de este libro. A lo largo de la Cuaresma, esfuérzate por rezar una de ellas todos los días, sin excepción.

## 55. Conviérteme, Señor

*Marchó Jesús a Galilea; y proclamaba la Buena Nueva de Dios: "El tiempo se ha cumplido y el Reino de Dios ha llegado; convertíos y creed en la Buena Nueva".*

*-Mc 1,14-15*

A una vida mejor
y más feliz,
conviérteme, Señor.

A una oración más sincera
y más frecuente,
conviérteme, Señor.

A una solidaridad más cristiana
y provechosa,
conviérteme, Señor.

A una iglesia más santa
y verdadera, conviérteme, Señor.

A una vida más austera
y menos artificial,
conviérteme, Señor.

A una verdad
frente a la mentira,
conviérteme, Señor.

A tu Palabra que me salva
y me da vida,
conviérteme, Señor.

Amén.

# 56. Al adentrarse en el desierto

*Jesús fue llevado por el Espíritu al desierto, para ser tentado por el demonio.*

*-Mt 4,1*

Espíritu Santo,
lléname con tu gracia
mientras avanzo
por el desierto cuaresmal.

Recuérdame
que no solo de pan vive el hombre,
porque tiendo a querer saciarme
de cosas materiales que no me llenan,
mas me dejan con hambre
de tener todavía más.

Recuérdame que solo a Dios he de adorar,
porque suelo fabricarme ídolos relucientes
que me roban la mirada,
que se apoderan de mi corazón y de mi anhelo
alejándome del único Dios verdadero
en quien realmente encuentra sentido mi
existencia.

Recuérdame que a Dios no he de tentar,
porque con frecuencia
pretendo forzarlo a hacer mi voluntad,
no me canso de imponerle mis caprichos
y me siento frustrado cuando, según yo,
no me escucha.

Lléname con tu gracia
y ayúdame a vencer la tentación.
Ayúdame a poner siempre a Dios por delante,
a confiar en su palabra,
a confiar en su poder,
a confiar su infinito amor.

Espíritu Santo,
lléname con tu gracia mientras avanzo
por el desierto cuaresmal. Amén.

## 57. Líbrame, Señor

*El Espíritu llevó a Jesús al desierto, donde fue tentado por Satanás durante cuarenta días.*
*-Mc 1,12-13a*

De la frialdad
que me hace indiferente hacia tus cosas,
líbrame, Señor.

Del vacío
que es consecuencia de la falta de oración,
líbrame, Señor.

De la tristeza
que es fruto de poner mis ojos
en lo que no es importante,
líbrame, Señor.

De la abundancia desmedida
que me vuelve egoísta,
líbrame, Señor.

Del ruido
que me vuelve sordo a tu Palabra,
líbrame, Señor.

De las distracciones
que me tientan a no seguirte,
líbrame, Señor.

De las riquezas
que me impiden mirar lo trascendente,
líbrame, Señor.

Del mal que seduce
y me hace creer que soy lo que no soy,
líbrame, Señor.

De los pecados
que no me dejan crecer como cristiano,
líbrame, Señor.

Amén.

# 58. No solo de pan viviré

*Jesús fue conducido por el Espíritu al desierto, donde fue tentado por el demonio durante cuarenta días. No comió nada durante esos días, y al cabo de ellos tuvo hambre. El demonio le dijo entonces: "Si tú eres Hijo de Dios, manda a esta piedra que se convierta en pan". Pero Jesús le respondió: "Dice la Escritura: El hombre no vive solamente de pan". (Dt 8,3)*
*-Lc 4,1-4*

Espíritu Santo,
lléname con tu gracia
mientras avanzo por el desierto cuaresmal.

Recuérdame que no solo
de pan vive el hombre,
porque tiendo a querer saciarme

con cosas materiales que no me llenan,
mas me dejan con hambre
de tener todavía más.

Recuérdame que solo a Dios he de adorar,
porque suelo fabricarme ídolos relucientes
que me roban la mirada,
que se apoderan de mi corazón y de mi anhelo
alejándome del único Dios verdadero
en quien realmente encuentra
sentido mi existencia.

Recuérdame que a Dios no he de tentar,
porque con frecuencia
pretendo forzarlo a hacer mi voluntad,
no me canso de imponerle mis caprichos
y me siento frustrado cuando, según yo, no me escucha.

Lléname con tu gracia
y ayúdame a vencer la tentación.
Ayúdame a poner siempre a Dios por delante,
a confiar en su palabra,
a confiar en su poder,
a confiar su infinito amor.

Espíritu Santo,
lléname con tu gracia
mientras avanzo por el desierto cuaresmal.

Amén.

## 59. Quítate las sandalias

*El ángel del Señor se le apareció a Moisés en una llamarada entre las zarzas. Él se fijó: la zarza ardía sin consumirse. Moisés se dijo: "Voy a acercarme a mirar este espectáculo admirable, a ver por qué no se quema la zarza". Viendo el Señor que Moisés se acercaba a mirar, lo llamó desde la zarza: "Moisés, Moisés". Respondió él: "Aquí estoy". Dijo Dios: "No te acerques; quítate las sandalias de los pies, pues el sitio que pisas es terreno sagrado". Y añadió: "Yo soy el Dios de tus padres, el Dios de Abrahán, el Dios de Isaac, el Dios de Jacob".*

*-Ex 3,3-6a*

Dios Todopoderoso,
el Dios de nuestros padres,
quítame las sandalias
ante tu divina presencia.

Necesito poner los pies sobre la tierra
y ubicarme en mi realidad auténtica,
aceptarme tal cual soy,
no más pero tampoco menos.
reconocer con gratitud mi grandeza
y aceptar con humildad mi pequeñez.

Quítame las sandalias, Señor
para que avance sobre el terreno pedregoso
con mis pies descalzos,

titubeando al dar cada paso
para no tener otra opción
que asirme fuerte de tu mano.

Será así, tomado de tu mano
que podré avanzar confiando
en tu poder, en tu sabiduría y en tu amor.

Quítame las sandalias, Señor,
para que reconozca lo sagrado de tu suelo.

Envíame a enfrentar
al enemigo poderoso
que oprime y esclaviza,
y a vencerlo con valentía
apoyado en Aquel
cuyo nombre santo es Yo Soy.

Condúceme, como a Moisés y su pueblo
hacia la tierra prometida
donde manan la leche y la miel,
donde abunda tu santa bendición.

Amén.

## 60. Quiero ser de los tuyos

*Los llevó aparte a un monte elevado. Allí se transfiguró en presencia de ellos: su rostro se puso brillante como el sol y sus vestidos se volvieron blancos como la luz.*

*-Mt 17,1b-2*

Quiero ser de los tuyos, Señor.
De los que escuchan tu Palabra,
de los que se sienten amigos tuyos,
de los que no se acobardan
ante las dificultades,
de los que te buscan
a pesar de las tempestades.

Quiero ser de los tuyos, Señor
y subir al monte de la Eucaristía
para verte,
subir al monte de la Eucaristía
para escucharte,
subir al monte de la Eucaristía
para amarte
y subir al monte de la Eucaristía
para no perderte

Quiero ser de los tuyos, Señor.
Porque, Tú, eres el Hijo de Dios,
porque, Tú, eres la Palabra del Padre,
porque, a tu lado, es donde mejor estoy,
porque es contigo con quien más avanzo.

Quiero ser de los tuyos, Señor.

Amén.

# 61. Subir y bajar con el Señor

*De pronto, miraron a su alrededor y no vieron a nadie, sino a Jesús solo con ellos. Mientras bajaban del monte, Jesús les prohibió contar lo que habían visto, hasta que el Hijo del hombre resucitara de entre los muertos.*

-Mc 9,9

Quiero subir y bajar, Señor, contigo
y contemplar, cara a cara,
el Misterio de Dios que –estando escondido–
habla, se manifiesta y te señala como Señor.

Quiero subir y bajar, Señor, contigo.
Ascender para contemplar tu gloria,
bajar para dar testimonio de ella
en la vida de cada día,
en los hombres que nunca se encaminaron
a la cima de la fe,
al monte de la esperanza,
a la montaña donde Dios siempre me habla,
nunca defrauda y siempre dice que me ama.

Quiero subir y bajar, Señor, contigo.
Que no me quede
en el sentimentalismo vacío,
que no quede crucificado por una fe cómoda,
que no huya de la cruz de cada día.

Que entienda, Señor, que para bajar
es necesario, como Tú, subir primero:
a la presencia de Dios, para vivirlo;
ante la voz de Dios, para escucharlo;
ante la fuerza de lo alto, para que la vida brille
luego con el fulgor y el resplandor de la fe.

Quiero subir, Señor, contigo
al monte Tabor y contemplar cara a cara,
ese prodigio de tu brillante divinidad,
sin olvidar que, como yo,
también Tú eres humano.

Muéstrame, Señor, tu rostro,
y, que para bajar al llano de cada día,
no me olvide nunca de buscar y anhelar
los signos de tu presencia.

Amén.

# 62. Dame de beber de tu agua viva

*Era la hora del mediodía. Una mujer de Samaría fue a sacar agua y Jesús le dijo, "Dame de beber".*
*-Jn 4,6b-7*

Derrama tu agua viva en mi pozo,
oh Señor.

Derrama tu agua viva
y mi pozo seco rebozará.

Ayúdame a abrir
las compuertas de mi corazón
y un manantial de agua viva
brotará de su interior.

Ayúdame, Jesús,
a saciar la sed que aflige a mis hermanos.

Ayúdame, Jesús,
a nunca más guardarme el agua de mi pozo
solo para mí.

Ayúdame a comprender
que guardando el agua solo para mí,
el agua se estanca y se evapora,
secando mi pozo,
secando mi alma,
secando mi corazón.

Jesús, eres Tú
un manantial de agua viva.

Amén.

## 63. Mi alma, morada del Señor

*Jesús subió a Jerusalén, y encontró en el templo a los vendedores de bueyes, ovejas y palomas y a los cambistas sentados delante de sus mesas. Hizo un látigo de cuerdas y los echó a todos del templo. Entonces los judíos le preguntaron: "¿Qué signo nos das para obrar así?". Jesús les respondió: "Destruyan este templo y en tres días lo volveré a levantar".*
*-Jn 2,13a-15a;18-19*

Soy templo vivo de tu Espíritu, Señor,
cuando no te olvido y te amo,
cuando no me alejo de Ti,
cuando rezo y medito Tú Palabra.

Soy templo vivo de tu Espíritu, Señor,
si creo y espero solo en Ti,
si no miro hacia otro lado,
si confío en tu santo Espíritu.

Soy templo vivo de tu Espíritu, Señor,
cuando escucho tu Palabra,
cuando medito tus acciones,
cuando ayudo a los demás

Soy templo vivo de tu Espíritu, Señor,
si te amo de verdad,
si te sirvo con verdad,
si te hablo con sinceridad.

Soy templo vivo de tu Espíritu, Señor.
Amén.

# 64. Abre mis ojos, Señor

*Sus discípulos le preguntaron: "Maestro, ¿quién ha pecado, él o sus padres, para que haya nacido ciego?". "Ni él ni sus padres han pecado —respondió Jesús—; nació así para que se manifiesten en él las obras de Dios.*

-Jn 9,2-3

Abre mis ojos, Señor,
para sentirte cerca y nunca abandonarte.

Abre mis ojos, Señor,
porque me pierdo y camino confundido.

Abre mis ojos, Señor,
para verte y nunca perderte.

Abre mis ojos, Señor,
porque, sin Ti, no soy tan feliz como creo ser.

Abre mis ojos, Señor,
para vivir alegre y abierto a los demás.

Abre mis ojos, Señor,
para agradecer lo mucho que haces por mí.

Abre mis ojos, Señor,
para defenderte cuando algunos te ignoren.

Abre mis ojos, Señor,
para no tropezarme cuando surjan obstáculos.

Abre mis ojos, Señor,
para que nadie me confunda con falsas luces.

Abre mis ojos, Señor,
para que nada me aleje de tu amistad.

Abre mis ojos, Señor.

Amén.

# 65. Te admiro, Jesús bueno

*Dios no envió a su Hijo para juzgar al mundo, sino para que el mundo se salve por él.*

*-Jn 3,17*

Te admiro, Jesús bueno,
por lo mucho que me amas,
por lo tanto que me perdonas,
por seguir a mi lado,
incluso cuando te abandono.

Te admiro, Jesús bueno,
Tu eres la verdad frente a la mentira,
Tú eres la luz ante la oscuridad,
Tú eres el amor frente al odio.

Te admiro, Jesús bueno.
Tu generosidad no tiene límites,
tu cruz abraza a todos los hombres
Tú fuiste enviado para mi salvación.

Te admiro, Jesús bueno.
No permites que nadie me pierda,
no quieres que nadie me condene,
no deseas que caiga
y no me pueda levantar.

Te admiro, Jesús bueno.
Tu cruz es mi salvación,
tu cruz es signo de tu amor por mí.
tu cruz es mi redención.

Amén.

# 66. Oración del Hijo Pródigo

*Un hombre tenía dos hijos; el menor de ellos dijo a su padre: "Padre, dame la parte que me toca de la fortuna." No muchos días después, se marchó a un país lejano, y allí derrochó su fortuna viviendo perdidamente. Cuando lo había gastado todo, vino por aquella tierra un hambre terrible, y empezó él a pasar necesidad. Se contrató con uno de los ciudadanos de aquel país que lo mandó a sus campos a apacentar cerdos. Deseaba saciarse de las algarrobas que comían los cerdos, pero nadie le daba nada. Recapacitando entonces, se dijo: "Cuántos jornaleros de mi padre tienen abundancia de pan, mientras yo aquí me muero de hambre. Me levantaré, me pondré en camino adonde está mi padre, y le diré: Padre, he pecado contra el cielo y contra ti; ya no merezco llamarme hijo tuyo: trátame como a uno de tus jornaleros".*

*-Lc 15,11-19*

Padre misericordioso,
hace tiempo me he alejado.
Sin mirar atrás
tomé mi herencia y me marché de casa.

   Me he marchado
lo más lejos que he podido
y he olvidado
los valores que he aprendido.

   Mi hogar he abandonado,
a mi padre he olvidado,
a mi Dios he traicionado,
a mí mismo me he fallado.

   Hundido en el fango de los cerdos
me miro y me pregunto
¿en qué momento me he perdido?

   Padre misericordioso,
hazme volver a casa.
De los caminos equivocados,
hazme volver a casa.

Cuando malgasto mi tiempo y mi vida,
hazme volver a casa.
De las mentiras y de las calumnias,
hazme volver a casa.

De la falta de oración,
hazme volver a casa.
De la tristeza y de la distancia de Ti,
hazme volver a casa.
De la envidia y del egoísmo,
hazme volver a casa.
De la falsa independencia y de hacer lo que
me viene la gana, hazme volver a casa.

Hazme volver y corre a mi encuentro.
Hazme volver y arrójate a mi cuello.
Hazme volver y lléname de besos,
mientras yo,
en verdad arrepentido,
reconozco que contra el cielo
y contra mi padre he pecado.

Amén.

# 67. Sí, un día he de morir

*Marta dijo a Jesús: "Señor, si hubieras estado aquí, mi hermano Lázaro no habría muerto. Pero yo sé que aun ahora, Dios te concederá todo lo que le pidas". Jesús le dijo: "Tu hermano resucitará". Marta le*

*respondió: "Sé que resucitará en la resurrección del último día". Jesús le dijo: "Yo soy la Resurrección y la Vida. El que cree en mí, aunque muera, vivirá; y todo el que vive y cree en mí, no morirá jamás".*
*-Jn 11,21-25*

Tú eres la vida eterna, Señor.
Yo vivo en este mundo
pero, un día he de morir.
Dejaré este mundo como vine un día a él.

Tú eres la vida eterna, Señor.
Hablo tanto en este mundo
pero, un día callaré
y escucharé el silencio de tu presencia.

Tú eres la vida eterna, Señor.
Trabajo diario en esta tierra
pero, un día, descansaré
y veré el fruto de mi esfuerzo.

Tú eres la vida eterna, Señor.
Creo mientras vivo,
pero un día, no hará falta
porque contemplaré por fin
tu santo rostro.

Tú eres la vida eterna, Señor.
Espero y camino
pero, un día me detendré
porque Tú al final me esperas vivo.

Tú eres la vida eterna, Señor. Amén.

## 68. ¿Dónde están los que me acusan?

*Jesús les dijo: "Aquel de ustedes que no tenga pecado, que arroje la primera piedra". Al oír estas palabras, todos se retiraron, uno tras otro, comenzando por los más ancianos. Jesús quedó solo con la mujer adúltera, que permanecía allí, e incorporándose, le preguntó: "Mujer, ¿dónde están tus acusadores? ¿Nadie te ha condenado?". Ella le respondió: "Nadie, Señor". "Yo tampoco te condeno —le dijo Jesús—. Vete, no peques más en adelante".*

*-Jn 8,7b.9-11*

¿Dónde están los que me acusan, Señor?
Aquellos que me juzgan,
me señalan,
me condenan,
me desprecian?

¿Dónde están los que me acusan, Señor?
¿Aquellos a quienes no logro complacer,
aquellos que no valoran mi esfuerzo,
aquellos que desprecian mis talentos?

¿Dónde están los que me acusan, Señor?
¿Aquellos que se burlan de mi fe
y me ven menos por ser muy religioso,
pero me critican por no ser santo?

¿Dónde están los que me acusan, Señor?
¿Aquellos que sostienen piedras en sus manos
y esperan un tropiezo
para lapidarme al instante y sin piedad?

Son mis fallas, abundantes;
mis tropiezos, incontables;
mis pecados, demasiados;
pero Tú me entiendes y proteges.

Escribiendo con tu dedo sobre el suelo
alejas a mis acusadores
y me pones a salvo.

No me juzgas ni condenas,
me perdonas y me alientas,
pero me recuerdas que no debo pecar más.

Gracias, Señor, por comprenderme.
Gracias, Señor, por protegerme.
Gracias, Señor, por perdonarme.

Dame tu gracia, para no pecar más.

Amén.

# 69. Nada sin Ti, Señor

*"En aquellos días, el sol se oscurecerá, la luna dejará de brillar, las estrellas caerán del cielo y los astros se conmoverán. Y se verá al Hijo del hombre venir sobre las nubes, lleno de poder y de gloria". -Mc 13,24-26*

Nada sin Ti, Señor.
El final sin Ti
no será tan feliz.
El mañana sin Ti
no será como el mundo me ofrece.

    Nada sin Ti, Señor.
La guerra, sin Ti, no se apagará.
El odio, sin Ti, no desaparecerá.
La esperanza, sin Ti, no será posible.

    Nada sin Ti, Señor.
La eternidad, sin Ti, no alcanzaré.
El cielo, sin Ti, no es posible vivir

    Nada sin Ti, Señor.
Ayúdame a pensar en Ti,
a creer en Ti,
a esperar en Ti,
a soñar en Ti

    Nada sin Ti, Señor.

    Amén.

# ORACIONES PARA LA SEMANA SANTA

Semana Santa. El más bendito tiempo del año en que acompañamos a Jesús a Jerusalén, para entrar glorioso, montado en un asno como los reyes de Israel, entre aclamaciones y *Hossanas*, para luego, sentarnos a su mesa en la Última Cena y después ser testigos de su muerte en la cruz.

No podemos quedarnos como meros espectadores. Es preciso entablar un diálogo con Jesús y entrar en plena comunión con Él al tiempo que se ofrece en el sacrificio definitivo, cargando con nuestras culpas – a pesar de ser Él mismo inocente – por nuestra salvación. No es justo dejarlo cargar con nuestras culpas y hacerlo en la soledad. Lo menos que podemos hacer es estar presentes, a su lado, escuchándolo y respondiéndole.

## 70. ¡Hosanna, Jesús, Rey Mío!

*Los que iban delante y los que seguían a Jesús gritaban: "¡Hosanna! ¡Bendito el que viene en nombre del Señor! ¡Bendito sea el reino que ya viene, el reino de nuestro padre David! ¡Hosanna en las alturas!*
                                                    *-Mc 11,1-10*

Eres, Jesús, el Rey mío.
Yo te aclamo con mis ramos,
te bendigo con mis cantos
y doy palmas con mis manos.

   Eres, Jesús, el Rey mío,
porque vienes a salvarme,
porque no te asusta la cruz,
porque darás tu vida por mí.

   Eres, Jesús, el Rey mío,
porque creo en Ti y Tú en mí,
porque espero tu triunfo,
porque sé que eres el Hijo de David.

   Eres, Jesús, el Rey mío.
Hoy te bendigo;
mañana, tal vez, he de negarte.
Hoy te amo, Señor;
mañana, tal vez, he de venderte.

   Pero, Tú sabes, Señor,
que eres el Rey mío,
el Hijo de Dios,

el que ha venido a salvarme,
el que en la cruz
me dice lo mucho que mi Padre me ama.

   Eres, Jesús, el Rey mío.

   Amén.

# 71. Siguiendo a Jesús en su Pasión

*Le llevaron el asno, pusieron sus mantos sobre él, y Jesús se montó. Muchos extendían sus mantos sobre el camino; otros lo cubrían con ramas que cortaban en el campo. Los que iban delante y los que seguían a Jesús gritaban: "¡Hosanna! ¡Bendito el que viene en nombre del señor! ¡Bendito sea el reino que ya viene, el reino de nuestro padre David! ¡Hosanna en las alturas!*

*-Mc 11,7-10*

Señor, Jesús mío,
subes a Jerusalén para salvarme.

   Entras triunfante.
Con palmas, te aclamamos.

   Entras a Jerusalén
para sentarme a tu mesa.

   Partes el pan y bendices el vino.
Nos haces uno, en comunión contigo.

Pero nosotros te pagamos
discutiendo sobre la mesa.

Tantas veces nos sentamos a la mesa,
bendecimos nuestro pan
y terminamos discutiendo acalorados.

Nos llevas a orar contigo
al Monte de los Olivos.
Nos pides permanecer despiertos a tu lado.
Tienes miedo y sudas sangre
por nuestra causa,
mientras nosotros
optamos por dormirnos.

Te arrestan y te juzgan,
se mofan de ti y te golpean.
Resistes todo por nosotros,
mientras tres veces, en cambio, te negamos.

Te vuelven a juzgar,
te intercambian por un forajido,
te azotan y te llevan al calvario.
Nosotros, por temor, nos hemos ido.

Qué injusta es tu muerte, Nazareno.
Por nosotros sufres, sangras y te entregas
a la muerte en un madero de castigo.

Eres Rey de pecadores,
el Mesías de los traidores,
Redentor de los malagradecidos.

¿Cómo verte a los ojos, Jesús mío,
avergonzado bajo el peso de mis culpas
mientras eres Tú quien paga el precio
de las tantas veces que he pecado?

¿Cómo verte a los ojos Jesús mío,
estando por tres clavos malherido,
si unos días atrás gritaba "¡Hosana!"
y hoy guardo silencio aquí escondido?

Perdóname Señor, por mis pecados.
Perdóname también mi cobardía.
Perdona mis traiciones y mis tantas negaciones.
Perdóname Señor, pues soy indigno.

Soy indigno de tu amor y de tu sangre
derramada en un madero de tormento.
Soy indigno de tu muerte redentora
que me abre las puertas de tu Reino.

Gracias por tu amor, por tu pasión y por tu entrega.
Gracias por tu preciosa sangre redentora.
Gracias por el pan que partes a tu mesa.
Gracias por tu cruz que me libera.

Amén.

## 72. Perdóname, Padre, y confía

*Llegados al lugar llamado Calvario, lo crucificaron allí junto con los malhechores, uno a la derecha y otro a la izquierda. Jesús decía: "Padre, perdónalos, porque no saben lo que hacen".*
*-Lc 23,33-34*

Padre celestial, perdóname.
Porque también yo he condenado a muchas personas inocentes en mi vida.

Flagelo la espalda de tu Hijo.

Escupo en su rostro
sin siquiera darme cuenta.

Me rebelo en su contra
al igual que lo hizo Judas.

Rechazo su mansedumbre y su silencio.

Me rehúso a comprender
y busco cumplir mi voluntad,
no la tuya.

Perdóname, Padre.
Confía una vez más en mi naturaleza caída.

Confía en que, después de cada caída,
aprenderé a levantarme,
como lo hizo tu Hijo
en su camino hacia el Calvario.

Confía una vez más en mi débil "Sí"
y en mi convicción
que tan fácilmente sucumbe.

Confía en que iré
y proclamaré tu Evangelio
si me envías a hacer tu voluntad.

Sí, Señor, confía siempre en mí.

Amén.

# ORACIONES PARA EL TIEMPO DE PASCUA

Tiempo de Pascua, tiempo de celebrar la resurrección del Señor. Tiempo de vida nueva. El tiempo de Pascua es un tiempo de gozo, en el que no debemos olvidar aquello por lo que nos esforzamos a lo largo de la cuaresma. La resurrección de Jesús no es borrón y cuenta nueva para recomenzar como si nada hubiera sucedido, sino la culminación de un proyecto en el cual hemos colaborado con ahínco. Pero, esta culminación no marca el final de una historia, sino que da continuidad a nuestra vida de fe, ahora un paso más adelante en crecimiento.

Para dar sentido con nuestras vidas a este proyecto divino, debemos perseverar y no volver a caer en aquella actitud, vicio o pecado que tanto nos esforzamos por superar en la cuaresma.

La ilusión, esperanza y garantía que nos da el sepulcro vacío que el Señor ha dejado detrás, debe ser el motor de nuestro diálogo con Dios. Que estas oraciones sirvan como pauta para llevar más allá nuestra intimidad con Aquel que nos creó, con su Hijo que nos redime y con su Espíritu que nos santifica.

Este apartado incluye también una oración con motivo de las solemnidades de Pentecostés y de la Santísima Trinidad.

## 73. Ábreme, Señor, las puertas

*Luego entró el otro discípulo, que había llegado antes al sepulcro: él también vio y creyó.*
*-Jn 20,8*

Ábreme, Señor, las puertas,
para que entre y crea en Ti.

Ábreme, Señor, las puertas,
para que no tenga miedo de creer en Ti.

Ábreme, Señor, las puertas,
para que vea el horizonte del cielo.

Ábreme, Señor, las puertas,
para que deje atrás mis dudas.

Ábreme, Señor, las puertas,
para que viva yo en Ti.

Ábreme, Señor, las puertas,
y entra en mí corazón.

Ábreme, Señor, las puertas
y así, Señor, podré descubrirte.

Ábreme, Señor, las puertas
y viviré en tu Vida Eterna.

Ábreme, Señor, las puertas,
y no pediré pruebas de tu existencia.

Ábreme, Señor, las puertas
y viviré con alegría mi fe. Amén.

# 74. Eres mi alegría, Señor

*María Magdalena se volvió y vio a Jesús, de pie, pero no sabía que era Jesús. Le dice Jesús: "Mujer, ¿por qué lloras? ¿A quién buscas?" Ella, pensando que era el encargado del huerto, le dice: "Señor, si tú lo has llevado, dime dónde lo has puesto, y yo me lo llevaré". Jesús le dice: "María". Ella se vuelve y le dice en hebreo: "Rabbuní" - que quiere decir: "Maestro" -. .Dícele Jesús: "No me toques, que todavía no he subido al Padre. Pero vete donde mis hermanos y diles: Subo a mi Padre y vuestro Padre, a mi Dios y vuestro Dios". Fue María Magdalena y dijo a los discípulos que había visto al Señor y que había dicho estas palabras.*

*-Jn 20,14-18*

Eres mi alegría, Señor.
En la oscuridad, me enciendes la luz;
en la duda, me ofreces la verdad;
en la violencia, eres paz.

    Eres mi alegría, Señor.
Cuando llegue la muerte, serás vida;
cuando llegue el final, serás principio;
cuando se apaguen las luces del mundo;
me encenderás otras eternas en el cielo.

    Eres mi alegría, Señor.
Apareces cuando más te necesito;
apareces cuando otros amigos me fallan;
apareces y, a veces, no te reconozco;
apareces y, con tu pan, me alimentas.

    Eres mi alegría, Señor.
Me defiendes a pesar de mis errores;
me amas a pesar de mis olvidos;
resucitas para que, un día,
también yo lo haga contigo.

    Eres mi alegría, Señor.
    Amén.

## 75. Vuelves a mí, Señor

*Salieron y se embarcaron; y aquella noche no cogieron nada. Estaba ya amaneciendo, cuando Jesús se presentó en la orilla; pero los discípulos no sabían que era Jesús. Jesús les dice: "Muchachos, ¿tenéis pescado?". Ellos contestaron: "No". Él les dice: "Echad la red a la derecha de la barca y encontraréis". La echaron, y no podían sacarla, por la multitud de peces. Y aquel discípulo a quien Jesús amaba le dice a Pedro: "Es el Señor".*

-Jn 21,3b-7a

Vuelves a mí, Señor,
después de haber muerto en esa cruz.

De noche, tiro mis redes,
me esfuerzo en vano,
me fatigo sin conseguir nada a cambio,
me desvelo y despierto con las manos vacías.

De pronto te veo,
llamándome a la orilla de la playa.
Como siempre, basta tu palabra y tu
instrucción para que mis redes queden llenas.

Me descubro desnudo
pues, tantas veces te he negado.
Prometí cambiar y no lo he hecho.
Prometí ser mejor y no lo he logrado.

Prometí dejar mi pecado y no lo he conseguido.

Aun así, vuelves a mí, Señor,
después de haber muerto en esa cruz,
y me llamas a la orilla de la playa.

Cubro mi desnudez y me arrojo al agua
para venir a ti,
para acercarme a ti,
para llegar a ti.

Me alimentas con un pan y un pescado,
pareciera que mis pecados has olvidado.

En el fondo, sé que no es así.
Sé que te debo una disculpa
para que tu muerte en la cruz
no haya sido en vano.

Perdóname, Señor, por haberte traicionado.
No te alejes de mí. Te necesito.
Ahora que has resucitado,
quédate conmigo para siempre.

Dime dónde bogar mi barca,
dime dónde tirar las anclas,
dime dónde tirar mis redes,
para tener una pesca abundante.

Amén.

## 76. Abre tu puerta, buen Pastor

*El que entra por la puerta es el pastor de las ovejas. El guardián le abre y las ovejas escuchan su voz. Él llama a las suyas por su nombre y las hace salir. Cuando ha sacado todas las suyas, va delante de ellas y las ovejas lo siguen, porque conocen su voz.*
*-Jn 10,2-4*

Abre tu puerta, que te escucho.
Creo en Ti, espero en Ti
y quiero entrar por Ti y contigo
en el Valle Celestial.

Tú, Señor, eres Buen Pastor.
Tu mano me indica los caminos a seguir.
Tus ojos se fijan en los míos
cuando me siento débil y enfermo.

Si me lanzo hacia el abismo,
me socorres.
Si me equivoco de senda,
reconduces mis pasos.

Creo en Ti y espero en Ti.

Tu presencia es báculo
que me da seguridad.

Tu Palabra es aliento
y consejo certero
que empuja mi pensamiento y mi decisión.

Tu huella, de Buen Pastor,
es guía que me compromete
a vivir unido a Ti
y a trabajar por tu Reino.

Tu cayado, siempre firme y eterno,
es apoyo que necesito cada día que avanzo.

En la falsedad,
me hace optar por la verdad.
En la incredulidad,
me sumerge en la fe.
En la tibieza,
me brinda fortaleza.
En la oscuridad,
me arroja hacia la luz.

¡Abre tu puerta, Señor, que voy contigo!
Que te escucho, porque eres Buen Pastor:
Pastor que ama y se entrega por amor;
Pastor que conoce y llama con amor;
Pastor que alimenta y lo hace por amor;
Pastor que aguarda y espera con amor;
Pastor que habla y da en el corazón.

¡Eres, Señor, mi Buen Pastor!
¡Abre tu puerta y entro contigo!

Amén.

## 77. Pertenezco a tu rebaño, Señor

*"Os aseguro que yo soy la puerta de las ovejas. Todos los que han venido antes de mí son ladrones y bandidos; pero las ovejas no los escucharon. Yo soy la puerta: quien entre por mí se salvará y podrá entrar y salir, y encontrará pastos. El ladrón no entra sino para robar y matar y hacer estrago; yo he venido para que tengan vida y la tengan abundante".*
*-Jn 10,7-10*

Pertenezco a tu rebaño, Señor,
Tú eres mi Pastor,
conoces mi vida y pensamientos,
sabes de antemano mis caminos.

    Pertenezco a tu rebaño, Señor,
recuerdas mi nombre y apellido,
nada de lo que me ocurre te es indiferente,
me ayudas y animas cuando estoy triste.

    Pertenezco a tu rebaño, Señor,
deseas que mi vida sea santa,
me buscas si ando perdido,
me aceptas si vuelo a Ti.

Pertenezco a tu rebaño, Señor,
tu Palabra es vida,
tu Palabra es verdad,
tu Palabra es amor.

Pertenezco a tu rebaño, Señor,

Amén.

## 78. Tú eres mi buen Pastor

*"Mis ovejas escuchan mi voz, y yo las conozco, y ellas me siguen, y yo les doy la vida eterna; no perecerán para siempre, y nadie las arrebatará de mi mano. Lo que mi Padre me ha dado es más que todas las cosas, y nadie puede arrebatar nada de la mano de mi Padre".*

*-Jn 10,27-30*

Eres, Jesús, mi buen Pastor,
en tu mano me siento resguardado,
de tu mano avanzo confiado,
hacia verdes praderas donde reposar,
hacia fuentes tranquilas
donde reparar mis fuerzas.

Eres, Jesús, mi buen Pastor.
Doy gracias al Padre
por incluirme en tu rebaño.

Abre mis oídos
para que siempre escuche tu voz,
pueda seguirte y así,
no perezca para siempre,
sino obtenga la vida eterna
donde pueda contemplarte,
cara a cara,
la oveja a su pastor,
en presencia del Padre.

Amén.

# 79. Eres mi Camino, mi Verdad y mi Vida

*Tomás le dijo: "Señor, no sabemos adónde vas. ¿Cómo vamos a conocer el camino?". Jesús le respondió: "Yo soy el Camino, la Verdad y la Vida.*
*-Jn 14,5-6*

Eres mi camino, mi verdad y mi vida
en un mundo despistado y perdido.

    Eres mi camino, mi verdad y mi vida
en un mundo donde falta ilusión y alegría

    Eres mi camino, mi verdad y mi vida
en una tierra donde se escuchan muchas mentiras.

Eres mi camino, mi verdad y mi vida
entre una sociedad preocupada y con temores.

Eres mi camino, mi verdad y mi vida
en mi familia, que quiere amarte y seguirte.

Eres mi camino, mi verdad y mi vida
en una Iglesia que te pregona y te ama.

Eres mi camino, mi verdad y mi vida
ante tantos mensajes que me ciegan.

Eres mi camino, mi verdad y mi vida,
Tú, Jesús, solo Tú, Jesús….

Eres mi camino, mi verdad y mi vida.

Amén.

## 80. Soy uno de los sarmientos

*Yo soy la vid, ustedes los sarmientos. El que permanece en mí, y yo en él, da mucho fruto.*
*-Jn 15,5*

Soy uno de los sarmientos,
Tú la vid llena de vida y de verdad.

Soy uno de los sarmientos,
Tú la vid del buen vino de la alegría.

Soy uno de los sarmientos,
Tú, Señor, la vid de la esperanza.

Soy uno de los sarmientos,
Tú, Señor, la vid del amor.

Soy uno de los sarmientos,
Tú, Señor, la vid de la fe.

Soy uno de los sarmientos,
Tú, Señor, la vid de la unión.

Soy uno de los sarmientos.
Gracias, Señor, por hacer brotar
cosas buenas en mi corazón.

Amén.

# 81. Necesito de ti, Señor mío

*No los dejaré huérfanos, volveré a ustedes. Dentro de poco el mundo ya no me verá, pero ustedes sí me verán, porque yo vivo y también ustedes vivirán.*

*-Jn 14,18-19*

Necesito de ti, Señor mío,
para no vivir desunido
ni enfrentado a mis hermanos;
porque puedo olvidarte
al intentar seguir tus caminos,
porque no quiero vivir de espaldas a ti.

Necesito de ti, Señor mío,
¿Quién me dará vida e ilusión?
¿Cómo encontrar fuerza
para seguir adelante?
¿Dónde está el secreto de tu persona?

Necesito de ti, Señor mío.
Soy débil, y Tú lo sabes;
soy contradictorio, y Tú me conoces;
digo "sí", pero "no", y aun así me quieres.

Necesito de ti, Señor mío.
No dejes de recordarme tus mandatos,
no dejes de hablarme con tu Palabra,
no dejes de animarme con el Espíritu,
no dejes de alimentarme con la Eucaristía.

Necesito de ti, Señor mío.

Amén.

# 82. Permaneceré en ti, Señor mío

*Permanezcan en mi amor. Si cumplen mis mandamientos, permanecerán en mi amor, como yo cumplí los mandamientos de mi Padre y permanezco en su amor.*

*-Jn 15,9c-10*

Permaneceré en ti, Señor mío,
en las luchas y en las penas;
en las alegrías y en los trabajos.

Permaneceré en ti, Señor mío,
con la fe y la esperanza;
con la ilusión y la entrega confiada.

Permaneceré en ti, Señor mío,
renovando mi Bautismo,
aumentando mi caridad,
desarrollando mis talentos.

Permaneceré en ti, Señor mío,
ofreciendo mi ayuda,
saliendo al encuentro de los enfermos,
sonriendo al que se encuentre triste.

Permaneceré en ti, Señor mío,
con tu amor y con tu auxilio;
con tu sombra y con tu poder;
con tu Palabra y con tu Eucaristía;
con tu Iglesia y con la oración

Permaneceré en ti, Señor mío.

Amén.

# 83. Al subir Jesús al Cielo

*Jesús resucitado se apareció a los once y les dijo: "Vayan por todo el mundo, anuncien la Buena Noticia a toda la creación". Después de decirles esto, el Señor Jesús fue llevado al cielo y está sentado a la derecha de Dios.*

*-Mc 16,15.19*

Sube al Cielo, Jesús, pero acompáñame.
Gracias por tus palabras que me dieron vida
y por tu mano que me da la sanación.
Gracias por tus gestos
que me hicieron pensar en la Salvación
y, por tus ojos, que me llevaron
a mirar hacia lo eterno.
Gracias por tus caminos
que me hicieron abandonar los míos,
egoístas y perdidos en sí mismos.

Sube, Señor, hacia el cielo,
pero, desde las alturas, no dejes de guiarme.
Que, mi voz, necesitará de tu voz;
que, mis pies, pedirán impulso de tu Espíritu;
que, mi corazón, reclamará tu Amor.

Sube al Cielo, Jesús, pero acompáñame.
Que, en tu Ascensión, quiero sostenerme
para compartir y ansiar la eternidad.
Que, en tu Ascensión, me dejas
pistas y senderos
que conducen hacia la Ciudad de Dios.
Que, después de tu trabajo valiente y sincero
mereces ser coronado y festejado
en ese lugar cerca del Padre,
en su trono celestial.

Sube al Cielo, Jesús, pero acompáñame.
Que, sin tu mirada, la mía caerá hacia el suelo;
que, sin tu mano,

mis ideales quedarán dormidos;
que, sin tus palabras,
mis labios quedarán secos;
que, sin tu corazón, mis amores
serán necios o mezquinos.

Sube al Cielo, Jesús, pero acompáñame.
Sé muy bien que todo lo que prometes,
siempre cumples;
que, tarde o temprano,
de mañana o en la oscura noche,
volverás definitivamente y en tu gloria,
para que se cumpla, para siempre,
la Salvación en la que creo,
en la que añoro,
por la que rezo,
en la que espero. Amén.

## 84. ¡Espíritu Santo, Ven!

*Al llegar Pentecostés, estaban reunidos en el mismo lugar. Vino del cielo un ruido, semejante a una fuerte ráfaga de viento, que resonó en toda la casa donde se encontraban. Entonces vieron aparecer unas lenguas como de fuego, que descendieron por separado sobre cada uno de ellos. Todos quedaron llenos del Espíritu Santo, y comenzaron a hablar en distintas lenguas, según el Espíritu les permitía expresarse.*

*-Hech 2,1-4*

¡Espíritu Santo, ven!

Si Tú no vienes,
me faltarán las alas
para emprender el vuelo
con mi plegaria,
desgastaré el silencio y las palabras
si en lo escondido, tu voz no clama.

Si Tú no vienes,
será imposible el abrazo del reencuentro,
con el hermano que la ofensa puso lejos,
si Tú no enciendes, de nuevo el fuego.

Pero si vienes a recrearme
y como un soplo das vida a mi barro,
como un artista irás plasmando un rostro
nuevo de hijo y hermano.

Por eso, ven… Espíritu Santo, ven.

Si Tú no vienes,
olvidaré la esperanza que llevo dentro,
sucumbiré al desánimo y al llanto,
si Tú no vienes, Espíritu Santo, a consolarme.

Si Tú no vienes,
evitaré el camino aconsejado
por el Señor de las espinas y el calvario,
si Tú no vienes, Espíritu, a recordarlo.

Pero si vienes a sostenerme
y me conduces como maestro,

en mi carne se irá escribiendo
cada palabra del Evangelio.

    Por eso, ven… Espíritu Santo, ven.

    Si Tú no vienes,
mi mirada será ciega
ante tus rastros,
mi poca fe
dominará lo cotidiano,
si no me donas
el ser más sabio.

    Si Tú no vienes
y sacudes con tu viento mi casa,
y con un sello de profeta
me consagras,
tendré yo miedo,
si no me cambias.

    Pero si vienes
y en el silencio del alma
escribes renglones nuevos,
se irá tejiendo la historia cierta
del nuevo Reino.

    Por eso ven… Espíritu Santo, ven.

    Amén.

## 85. Al Misterio de la Trinidad

*Los once discípulos se fueron a Galilea, al monte que Jesús les había indicado. Jesús les dijo: "Id y haced discípulos de todos los pueblos, bautizándolos en el nombre del Padre y del Hijo y del Espíritu Santo".*
*-Mt 28,16;18a-19*

Oh, Misterio impenetrable,
siendo tres personas tan distintas,
eres un Dios único, santo y verdadero.

Oh, Misterio incomprensible.
No eres alguien solitario,
sino eterna compañía,
comunidad de amor perfecto e infinito.

Oh, Misterio incognosible.
No existe en Ti el "yo", sino el "nosotros";
no existe lo mío, sino lo nuestro;
no existe mi bien, sino el de todos.

Oh, Misterio inescrutable,
Un solo Dios y un solo Padre,
un solo Dios y un solo Hijo,
un solo Dios y un Santo Espíritu.

Oh, Trinidad Santísima,
familia que vive en el amor,
Dios que crea,
Dios que redime,
Dios que santifica,
bendíceme siempre en tu santo nombre

+ Padre, +Hijo y + Espíritu Santo.

Amén.

# LA ORACIÓN DEL CORAZÓN

Señor Jesucristo, Hijo de Dios,
ten piedad de mí, pecador.

Esta oración se repite numerosas ocasiones, de preferencia inhalando al tiempo que se reza la primera parte, "Señor Jesucristo, Hijo de Dios" y exhalando al concluir, "ten piedad de mí, pecador".

La oración del corazón, también conocida como *Oración de Jesús,* es mi forma de oración predilecta. La invocación incesante de quien es nada a quien lo es todo, la humildad de quien se reconoce pecador y que invoca a su Señor, su Salvador, su Mesías, el Hijo de Dios.

El abismo entre el cielo y la tierra desaparecen mientras se recita pausadamente esta súplica por la misericordia divina.

El propósito de la oración del corazón es doble. Por un lado, abrir el corazón y disponerlo a un encuentro contemplativo con Cristo, a base de la repetición rítmica de la plegaria. Por otro lado, la repetición constante de la oración del corazón busca cumplir con la consigna paulina de "orar incesantemente" (1 Tes 5,17). En efecto, los monjes que dominan por completo esta forma de oración, llegan ya a repetir incesantemente la plegaria con una parte de su mente, no solo en los ratos que dedican de forma intencional al ejercicio espiritual, sino incluso cuando estén ocupados en alguna labor, leyendo la Escritura o conversando con alguien más. La práctica asidua de la oración del corazón puede así llegar a convertirse en un estilo de vida espiritual.

Su origen es antiquísimo y se remonta a los padres del desierto. La oración se repite continuamente como una práctica ascética personal, empleada como parte integral de la tradición eremítica conocida como hesiquiasmo. El hesiquiasmo busca la paz interior en unión mística con Dios apoyándose en la soledad, el silencio y la quietud.

## La oración del corazón en la Iglesia Católica

Muy socorrida en los ritos orientales de la Iglesia Católica y entre las Iglesias Ortodoxas, la oración del corazón es un método de oración favorable en la espiritualidad católica latina.

El Catecismo de la Iglesia Católica explica el sentido y valor de la oración del corazón, así como su fundamento bíblico:

> **2665** La oración de la Iglesia, alimentada por la palabra de Dios y por la celebración de la liturgia, nos enseña a orar al Señor Jesús. Aunque esté dirigida sobre todo al Padre, en todas las tradiciones litúrgicas incluye formas de oración dirigidas a

Cristo. Algunos salmos, según su actualización en la Oración de la Iglesia, y el Nuevo Testamento ponen en nuestros labios y graban en nuestros corazones las invocaciones de esta oración a Cristo: Hijo de Dios, Verbo de Dios, Señor, Salvador, Cordero de Dios, Rey, Hijo amado, Hijo de la Virgen, Buen Pastor, Vida nuestra, nuestra Luz, nuestra Esperanza, Resurrección nuestra, Amigo de los hombres...

**2666** Pero el Nombre que todo lo contiene es aquel que el Hijo de Dios recibe en su encarnación: JESÚS. El nombre divino es inefable para los labios humanos (cf Ex 3, 14; 33, 19-23), pero el Verbo de Dios, al asumir nuestra humanidad, nos lo entrega y nosotros podemos invocarlo: "Jesús", "YHVH salva" (cf Mt 1, 21). El Nombre de Jesús contiene todo: Dios y el hombre y toda la Economía de la creación y de la salvación. Decir "Jesús" es invocarlo desde nuestro propio corazón. Su Nombre es el único que contiene la presencia que significa. Jesús es el resucitado, y cualquiera que invoque su Nombre acoge al Hijo de Dios que le amó y se entregó por él (cf Rm 10, 13; Hch 2, 21; 3, 15-16; Ga 2, 20).

**2667** Esta invocación de fe bien sencilla ha sido desarrollada en la tradición de la oración bajo formas diversas en Oriente y en Occidente. La formulación más habitual, transmitida por los espirituales del Sinaí, de Siria y del Monte Athos es la invocación: "Señor Jesucristo, Hijo de Dios, ten piedad de nosotros, pecadores" Conjuga el himno cristológico de Flp 2, 6-11 con la petición del publicano y del mendigo ciego (cf Lc 18,13; Mc 10, 46-52). Mediante ella, el corazón está acorde con la miseria de los hombres y con la misericordia de su Salvador.

**2668** La invocación del santo Nombre de Jesús es el camino más sencillo de la oración continua. Repetida con frecuencia por un corazón humildemente atento, no se dispersa en "palabrerías" (Mt 6, 7), sino que "conserva la Palabra y fructifica con perseverancia" (cf Lc 8, 15). Es posible "en todo tiempo" porque no es una ocupación al lado de otra, sino la única ocupación, la de amar a Dios, que anima y transfigura toda acción en Cristo Jesús.

**2669** La oración de la Iglesia venera y honra al Corazón de Jesús, como invoca su Santísimo Nombre. Adora al Verbo encarnado y a su Corazón que, por amor a los hombres, se dejó traspasar por nuestros pecados. La oración cristiana practica el Vía Crucis siguiendo al Salvador. Las estaciones desde el Pretorio, al Gólgota y al Sepulcro jalonan el recorrido de Jesús que con su santa Cruz nos redimió.

# Cuando ora el corazón

Cuando la oración del corazón se repite al tiempo que se inhala y se exhala, el cuerpo va entrando poco a poco en un ritmo pausado y profundo, que es controlado por el corazón. Así, progresivamente, es el cuerpo entero, movido por el corazón, el que ora. Dicho de otra forma, es el ser entero de la persona el que se encuentra en oración incesante.

## Una vía de crecimiento espiritual

El ejercicio de recitar constantemente esta oración tan sencilla, va suscitando en el orante un crecimiento espiritual que progresivamente hace posible el encuentro íntimo con el Señor. Podemos distinguir tres etapas, que puede tomar incluso años dominar:

1. Oración oral. Se recita la oración tan solo con los labios. La oración resulta un ejercicio mecánico, todavía externo al orante.

2. Oración mental. La mente se concentra en las palabras que se repiten, haciéndolas propias. La oración deja de ser mecánica para hacerse ahora de una forma consciente.

3. Oración del corazón. Es entonces cuando quien ora, es el ser entero. Podríamos decir que el ser mismo se convierte en oración.

Hay quienes han sido más detallados en la progresión espiritual de la oración del corazón, identificando los siguientes pasos:

1. Oración de los labios.
2. Oración de la boca.
3. Oración de la lengua.
4. Oración de la voz.
5. Oración de la mente.
6. Oración del corazón.
7. Oración activa.
8. Oración atenta.
9. Oración contemplativa.

## El cordón de oración

Aunque no es necesario en lo absoluto, la oración del corazón suele rezarse con la ayuda de un cordón de oración, también conocido como *chotki* en ruso o *komboskini* en griego. Se trata de una especie de rosario, inventado en el siglo IV – siglos anterior a nuestro instrumento de oración mariana – formado por nudos confeccionados trenzando siete hilos de lana negra. Los cordones tradicionales tienen 100 nudos divididos en grupos de 25, aunque existen cordones de hasta 500 nudos.

Los grupos de 25 nudos están separados entre sí por una cruz trenzada con los mismos hilos o por una cuenta de madera o de otro material. El cordón se emplea con la mano izquierda, deteniéndose en cada nudo al tiempo que se reza la oración del corazón: "Señor Jesucristo, Hijo de Dios…" (mientras se inhala", "…ten piedad de mí, pecador" (mientras se exhala). Al llegar a la cruz o a la cuenta que separa cada grupo, se guarda un momento de silencio contemplativo, sin pensar en nada. De hecho, al ir rezando la oración del corazón el orante debe vaciar por completo su pensamiento, para llenarlo únicamente del Nombre de Jesús que va repitiendo sistemáticamente. Es más, quien reza la oración del corazón ni siquiera debe imaginarse el rostro de Jesús mientras hace esta oración.

Paulatinamente, los avanzados en esta práctica podrán alcanzar momentos de contemplación en que podrán tener atisbos del rostro de Jesús.

# Para ahondar en la oración del corazón

Es muy recomendable para quien desee profundizar en la práctica y espiritualidad de la oración del corazón, leer dos obras imprescindibles: *Relatos de un peregrino ruso* y la *Filocalia*.

Los *Relatos de un peregrino ruso* cuentan la hermosa historia de un hombre a quien surge la inquietud de comprender cómo realizar la consigna paulina de orar incesantemente. Para ello, emprende una larga peregrinación por Rusia, llegando hasta Siberia, deteniéndose a aprender de los grandes maestros de la oración, quienes le enseñan a hacer de la oración del corazón una forma de vida.

La *Filocalia* contiene la colección de escritos de los Padres del Desierto acerca de la oración del corazón, que proponen una gran cantidad de consejos que ayudan al orante a crecer en esta práctica.

> Señor Jesucristo, Hijo de Dios,
> ten piedad de mí, pecador.
>
> Señor Jesucristo, Hijo de Dios,
> ten piedad de mí, pecador.
>
> Señor Jesucristo, Hijo de Dios,
> ten piedad de mí, pecador.
>
> Señor Jesucristo, Hijo de Dios,
> ten piedad de mí, pecador.
>
> Señor Jesucristo, Hijo de Dios,
> ten piedad de mí, pecador.
>
> Señor Jesucristo, Hijo de Dios,
> ten piedad de mí, pecador.
>
> Señor Jesucristo, Hijo de Dios,
> ten piedad de mí, pecador.
>
> Señor Jesucristo, Hijo de Dios,
> ten piedad de mí, pecador.

# Otros Títulos por Mauricio I. Pérez

En Kindle y edición impresa

**En Español**

666 El Criptograma Apocalíptico
*Best seller*

Sucedió en Jerusalén
*Best seller*

Escucha… Jesús Habla Desde la Cruz

Judas ¿Traidor o Instrumento de Dios?

Por los Caminos de la Fe

Nuestra Familia al Pie de la Cruz

Todo lo Puedo
en Aquel que me Conforta

## **En Inglés**

At the Foot of the Cross

Our Family at the Foot of the Cross

Listen, It is Jesus
Speaking from the Cross

¡Apasiónate por mi fe!

www.semillasparalavida.org

www.seminans.org

Made in the USA
Middletown, DE
31 May 2019